Monika Viehrig

Humorvolle Gedichte

für Menschenwürde

Vorwort

Inspirationen bekomme ich viele, da ich gute Freunde habe. Mein Name ist Monika Viehrig. Ich habe schon mehrfach veröffentlicht und viel Zeit in Projekte investiert. Wer Fehler findet, darf sie natürlich behalten. An weiteren Veröffentlichungen der Gedichte möchte ich gerne beteiligt werden. Multiplikatoren sind mir willkommen. Falls Gedichte woanders veröffentlicht werden, bitte mich kontaktieren usw. Ich habe ein Buch Gedichte für den Frieden geschrieben und möchte eben auch, dass das Buch Humorvolle Gedichte beim Lesen Lesern Gedanken oder Freude machen. Fotos nehme ich oft und gerne auf. Das Foto vom Buchcover ist auch schon beim letzten Band in Baden-Baden aufgenommen worden. Der Rosengarten ist jedes Jahr wieder einen Besuch wert. Baden-Baden hat vieles Gute und es gibt auch die Lichtentaler Allee, die seit 2021 UNESCO Weltkulturerbe ist. Geboren bin ich in Schlitz, wie so vieles aus dem Schlitz kommt. Smiley

Impressum
Bibliografische Informationen der
Deutschen Nationalbibliothek: Die
Deutsche Nationalbibliothek
verzeichnet diese Publikationen in
der Deutschen
Nationalbibliografie; detaillierte
bibliografische Daten sind im
Internet über dnb.dnb.de abrufbar.

Copyright © 2024 Monika Viehrig
Verlag: BoD • Books on Demand GmbH,
In de Tarpen 42, 22848 Norderstedt
Druck: Libri Plureos GmbH,
Friedensallee 273, 22763 Hamburg

ISBN: 978-3-7597-7759-1

Humorvolle Gedichte

von

Monika Viehrig

1 Das Ei

Das Ei hat von Natur eine Schale,
wie ich mir den Inhalt auch ausmale,
Im Mikrokosmos ists unendlich groß,
das finden viele wunderbar famos.

Natürliche Stoffe sind darin enthalten,
manche lassen auch die Chemie walten,
mit Fibronil oder anderen Quark,
dennoch ist das Ei gesund und sehr stark.

Aminosäuren noch und nöcher,
im Zellkern gibt es auch große Löcher
unterm Mikroskop ist vieles sichtbar,
manches darin leider auch nicht dichtbar.

Bioqualität ist zu empfehlen,
gekocht kann man es auch besser schälen.
In vielen Speisen ein Gedicht,
man sieht die Eier nur oft nicht.

Was war zuerst da Ei oder Huhn?
Man kann sich da mal leicht vertun.

2 Eierpfannkuchen

Eierpfannkuchen schmecken echt klasse,
schnell gerührt ist die Eier-Mehl-Masse.
Nun lass ich den Teig noch mal etwas ruhen,
in der Zeit ist etwas anderes zu tun.

Ich schneid' noch ein paar Apfelschnitze klein,
die geb' ich dann zum Rührteig mit hinein.
Gebraten wird es dann in reichlich Butter,
wie es gelernt worden ist von Großmutter.

Zum Schluss bestreut mit viel Zucker und auch
Zimt
schmeckt gut und der Proteingehalt stimmt.
Vegetarische Gerichte sind toll.
Für die Ernährung sind sie auch sinnvoll.

3 Eier sind zerbrechlich

Habt Ihr schon Eier ausgeblasen?
Draußen warten die Osterhasen.
Das Bemalen ist große Kunst.
Eier kochen gibt weniger Dunst.

Die Sträucher draußen sind schon geschmückt.
Nach Fasching der Frühling dann entzückt.
Doch ein kleiner Windstoß manchmal reicht
und Eierschalen zerbrechen leicht.

Große Kunstwerke zeigt der Flohmarkt.
Bauern bringen die Eier zum Markt.
DGE sagt ein Ei pro Woche.
Wie bringt man dann ein Ei zum koche?

4 Vollmond I

Der Mond steht rund am Himmelszelt,
er schaut belustigt auf die Welt.
Viele schlafen bei Vollmond schlecht,
was sie tags darauf auch noch schwächt.

Der Mond hat eine magische Kraft,
Ebbe und Flut zeigen das lebhaft.
Der Mond ist unser Erdtrabant.
Er grüßt von weitem elegant.

Nachts läuft im Radio Luna.
Musik ist gut mit Fortuna.
Der Vollmond sieht nun edel aus.
Bald geht er unter hinterm Haus.

5 Vollmond II

Letzte Nacht ist Vollmond gewesen.
Habt Ihr auch darüber gelesen?
Luna heißt im April dann Pink Moon.
Vollmond weckt Kräfte in der Nacht nun.

Hoffentlich ändert sich das Wetter.
Dann wird der Vollmond auch gleich netter.
Der April ist sehr abwechslungsreich.
Bei Wolken sieht man den Mond nur weich.

6 Weltkatzentag

Heute ist der internationale Weltkatzentag,
Katzen und Kater sind gut, o wie ich sie mag.
Der Tag hat wieder Donner, Regen und
Krawall,
Katzen sind im Internet und auch überall.

Katzen schmusen und fangen an zu schnurren,
das ist besser als Hunde, die böse knurren.
Katzen und Kater sind gute Wegbegleiter.
Sie liegen in Kartons und gehen auch weiter.

Sie sind nützlich, fangen Mäuse und auch
Spinnen,
manchmal sind sie am Rennen und wie von
Sinnen.
Katzen sind frei und unabhängig zu Hause.
Sie liegen in der Sonne und machen gern
Pause.

Katzen sind manchmal auf Tour und auch sehr
verfressen,
es gibt sie in Bayern, im Saarland und in
Hessen.
Sie sind auf der ganzen Welt sehr majestätisch,
manche reagieren auf Katzen allergisch.

Katzen haben oft auch einen Katzenbuckel,
sie haben Kosenamen wie Miez und
Schnuckel.
Wenn sie hungrig sind, fangen sie an zu
miauen,
mit Katzen kann man sich gut die Welt
anschauen.

7 Simultangrillen mit Johann Lafer

SWR3 lädt heute wieder ein zum
Simultangrillen,
das klappt schon mit tollen Hörern*innen und
gutem Willen.
Die Rezepte sind genial und auch die leckeren
Zutaten,
es gibt vegetarische Alternativen zum
Einladen.

Mit Musik und Promis und Johann Lafer als
Meistergriller,
wenn die Glocke ertönt, wird es bei vielen
Zuhörern stiller.
Die Tipps und Tricks werden dann erklärt und
gemeinsam gegrillt,
der Hunger nach mehr wird beim Essen und
Trinken fröhlich gestillt.

Passt alle gut auf auf die Glocke und den
hungrigen Willen.
Viele Fragen tauchen auf bei der Party jetzt
und auch später.
Essen und Trinken mit Musik ist super, das
weiß ein jeder.

Familien, Gruppen, Kinder, Jugendliche,
Promis, Du und ich
mit Getränken und Humor denken nicht alle
nur an sich.
Das SWR3 Grillen ist ein gutes
Gemeinschaftsevent,
hier freuen sich alle auf das Grillen, weil man
das schon gut kennt.

Die Sonne kommt raus, das kann man gut
wiederholen Jahr für Jahr,
draußen an der frischen Luft ist viel Platz, das
ist lecker und klar.
Auch die zu Hause mithören, haben ein Archiv
mit den Tipps
nach dem Grillen ist vor dem Grillen mit Spaß
und geteilten Clips.

8 SWR3 Angrillen

Das Grillen ist heute eine sehr große Aktion
und viele grillen mit auf der ganzen Welt
synchron.
Es ist ein trüber Tag und das Wetter spielt nicht
mit.
Man kann das Grillen verschieben, das ist ein
Hit.

Mit guter Laune und dem Wissen ist es gut.
Hier ist es noch kalt und deswegen braucht
man Mut.
Rezepte gibt es im Internet zu lesen.
Das ist schön und gut, denn es sind nicht nur
Thesen.

Lustige Küchenhelfer gibt es groß und klein.
Viel Vergnügen beim Essen, das ist dann fein.
Viele Tische sind schon gedeckt mit der
Schürze.
Das Grillen zusammen ist länger in Kürze.

Wer ist beim guten Grillevent alles dabei?
Es macht viel Spaß ohne die Sucherei.
Das ist alles gut vorzubereiten.
Vier Gänge sind ein Menü in Weiten.

Nach dem Klingeln kommt dann der nächste
Gang.
Mit Liebe und Testen nach jedem Rang.
Zum Schluss kommt der Kuchen, das ist schon
klar.
Lasst noch etwas Platz, dafür wunderbar.

Vielen Dank für die leckeren Rezepte
Es sind beim Grillen mit Gästen Akzepte
Eine Innovation ist der Perlcouscous.
Er schmeichelt dem Gaumen wie ein guter
Kuss.

Johann und Meta haben scharfe Messer.
Zusammen in der Gruppe geht es besser.
Fans von der Grillgruppe gibt es überall
Vom SWR3-Land bis zu dem Weltall.

Houston hat damit wohl auch null Probleme.
Hier auf der Erde ist es die Glückssträhne.
Viele freuen sich schon auf das nächste Mal.
Denn SWR3 ist eine gute Wahl.

9 Vatertag und Muttertag

Vatertag und Muttertag sind im Mai.
Alles grünt und wächst bei der Feierei.
Jeden Tag werden die Tage länger
und die Hosen und Kleider sind enger.

Wann bekomme ich endlich was geschenkt,
wer gibt mir Kraft und Geld mal
unbeschränkt?
Alleinerziehende haben es schwer,
denn das Leben ist zu ihnen unfair.

Ein Kind ist ein Geschenk und wunderbar
und jeden Tag im Jahr ein Superstar.
Zum Feiern haben sie tagelang Grund,
hoffentlich sind sie auch rundum gesund.

Wenn sie erst groß sind, sehen sie Dich kaum
an,
Sie werden selbst dann Ehefrau und -mann.
Die Mutter ist dann kaum angesehen,
der Muttertag wird leicht übersehen.

10 Muttertag

Das Leben nimmt seinen Lauf.
Täglich tauchen Gedanken auf.
Am Sonntag ist jetzt Muttertag,
das heißt für Kinder Liefertag.

Kinder sind bei Müttern im Bauch.
Schwangere merken es auch.
Nach der Geburt dann das Stillen.
Babys haben guten Willen.

Sie wachsen gut und schnell heran.
Manchmal sind sie auch dankbar dann.
Jeden Tag gibt es Aufgaben,
wenn die Kinder Schule haben.

Die Mutter denkt an alles daheim.
Die Hausarbeit ist oft gemein.
Lobt Eure Mütter jeden Tag
und denkt auch an den Muttertag.

11 Der Hefeteig

Ein kleiner Würfel Hefe hat viel Kraft,
dass er einen Kuchen schön fluffig macht.
Ob Blechkuchen mit Obst oder Pizza,
im Kühlschrank hab ich die Zutaten da.

Am Abend zuvor leg ich die Hefe raus.
Am Morgen mache ich einen Vorteig draus.
Der Vorteig wird abgedeckt mit dem Tuch.
So steht es nach Rezept auch im Kochbuch.

Dann wird alles zusammen geknetet.
Der Teig braucht es warm und ist gesegnet.
Wenn es dann aus dem Ofen gut duftet,
wird er ausgerollt und rund geschuftet.

Der Teig kann auch an den Finger kleben,
bis er in die Ecken ist gegeben.
Nun wird der Backofen gut angeheizt,
und mit dem Belag wird auch nicht gegeizt.

Mit Äpfeln und Zucker schmeckt er sehr gut,
auch als Pizza oder Brot er schmecken tut.
Nach 30 Minuten ist er schon gar.
Er muss dreimal gehen und schmeckt
wunderbar.

12 Die Sonne

Die Sonne ist da und scheint jetzt auch warm.
Tage mit Sonne haben viel mehr Charme.
Wer Rheuma hat, kann Lieder davon singen,
wie schön, wenn sie mehrstimmig erklingen.

Wo ist der Klimawandel in der Rhön?
Hier ist es bis Juni nur manchmal schön.
Ein dreiviertel Jahr braucht man Pullover,
wo anders fahren sie mit dem Rover.

Porsche, Mercedes und wie sie heißen,
sind ein Statussymbol in den Kreisen.
Am Land fahren viele noch den Traktor,
beim Traktor ist die Luft Ventilator.

Bei Sonnenschein kann man auch radfahren.
Die Kräfte lassen nach mit den Jahren.
Ein Akku kann jetzt gut unterstützen.
Räder haben Gänge, die auch nützen.

Am Radweg ist im Sommer sehr viel los.
Die Vorfreude auf Urlaub ist sehr groß.
Mit Sonnenschein sieht alles besser aus.
Im Sommer geht man viel mehr aus dem Haus.

13 Jodeldiplom

Kennt noch jemand Loriot und das
Jodeldiplom?
Die Nudel war ein Fremdkörpergranulom,
Holleri du dödel diri dö dudel.
Das war ein guter Spaß mit dieser Nudel.

Loriot ist heute ähnlich wie Dieter Nuhr,
Kabarett und Satire zur Sonnenuhr.
Lachen ist gut und hält die Seele gesund,
empfehle eine Stunde am Tag pro Pfund.

Jodeln und tanzen sollte man gut lernen
und den guten Humor wohl nicht verlernen.
Die Sonne lacht im Moment oft wunderbar,
freut Euch auf den Abschluss zu dem Seminar.

Ein Diplom hat viele Kosten in Bücher.
Für das Studium gibt es nicht Drehbücher.
Das Diplom erhält man nach der Endprüfung.
Es ist ein lebenslanger Schatz mit Schürfung.

Jeden Tag im Leben ist was zu lernen.
Die Wahrheit ist manchmal zu entkernen.
Forschung und Wissen sind gut fürs Leben.
Neue Freundschaften sind auch ein Segen.

14 Der Wein

Die Weintrauben werden verarbeitet zum
Wein.
Er ist ein besonderer Saft und fein.
Man kann auch Wasser noch dazugeben,
und andere Menschen lassen hochleben.

Die Weinstöcke sind ein guter Anblick am
Weinberg,viele Kräfte helfen am Kelterwerk.
Ein Wein am Abend kann man genießen,
bevor sich die Augenlider schließen.

Ganze Regionen leben von dem Wein,
seine Anziehungskraft ist sehr groß statt klein.
Zu welchem Essen schmeckt der Wein sehr
gut?
Ist eine Wissenschaft und gelingt gut.

Apfelwein gibt es im Bembel dazu,
Leute sind in bester Laune im Nu.
Süß oder sauer oder auch mal pur,
wo stehen die vielen Rezepte nur?

Glühwein wird im Winter dann genossen.
Mit Kaffeetassen kann man anstoßen.
Im Wein liegt Wahrheit und auch Aroma.
Schenk noch ein Glas ein, ruft jetzt die Oma.

15 Weihnachten 2023

Weihnachten kommt wieder viel zu schnell.
Nach dem Dunkeln wird es wieder hell.
Geschenke gibt es von so vielen.
Kinder freuen sich auf das Spielen.

Erwachsene wünschen sich mehr Zeit
für Familie und Geborgenheit.
Weihnachten ist ein Fest für Frieden.
Hoffentlich wird die Liebe siegen.

Bald beginnt wieder ein neues Jahr.
Silvester bringt ein neues Schaltjahr.
Das Jahr ist dann einen Tag länger.
So steht es dann auf dem Kalender.

Schaltjahre sind Kaltjahre, sagt Oma.
Sommer gibt es nur in Barcelona.
Was ist, wenn ich wieder daheimbleibe?
Kälte ist nicht schön, auch wenn ich schreibe.

16 Der Vogelsbergkreis

Der Vogelsbergkreis war früher ein Vulkan.
Er liegt, wie man weiß, weit entfernt vom
Vatikan.
Hier gibt es viele Dörfer, Land und auch
Wälder.
Nun warten wir hier noch auf große Gehälter.

Es gibt hier ein paar Schulen und auch
Gymnasien.
Inzwischen gibt es auch Zuwanderer aus
Asien.
Der Vogelsbergkreis ist ein großer
Flächenkreis.
Da er ein Vulkan war, war er früher wohl heiß.

Die Kreisstadt im Vogelsberg ist Lauterbach.
Alsfeld ist viel größer, doch das ist Nebensach.
Er umfasst Schotten, Grebenau, Schlitz und
Herbstein.
Ulrichstein, Schwalmtal und Lautertal sind
sehr fein.

Wartenberg, Grebenhain und Gemünden liegen drin.
Mit Romrod, Mücke, Feldatal ergibt es Sinn.
Kirtorf, Homberg und Freiensteinau ist dabei.
Antrifttal ist sehr klein inmitten der Kartei.

Ob es wohl viele Vögel gibt im Vogelsberg?
Natur ist hier viel vorhanden und auch am Werk.
Hier sind Traktoren und Tourismus sehr begehrt.
Der Vulkan ist jetzt ruhig und wird geehrt.

Der Vogelsberg hat Wälder und Auen.
In der Natur kann man viel anschauen.
Mitten in Deutschland sind Vogelsberger.
Es sind gute Leute und Schlauberger.

17 Vorweihnachtszeit

Vorweihnachten will man auch mal wegfahren.
Das wird nicht besser mit den vielen Jahren.
Weihnachtsmärkte sind überall aufgestellt.
Selbst kaufen ist besser wie schnell bestellt.

Die Liebe zu Mitmenschen ist zu spüren.
Geschenke sind gut, man will sich berühren.
In der Werbung ist vieles im Angebot.
Reichere Menschen spenden und sind im Lot.

Andere wollen mehr zusammen reden.
Denn Partner sind in der Zeit auch ein Segen.
Freundschaften und Verwandte sind zu
pflegen.
Unerwartetes kommt auch vor im Leben.

Denkt aneinander und seid dann liebevoll.
Probleme sind klein und das Leben ist toll.
Wünsche gibt es viele und Geld brauchen alle.
Manche feiern hier und manche auf Malle.

Dekoriert sind Häuser und auch Städte.
Weihnachtsbäume sind bunt auf Palette.
Jedes Jahr gibt es neue Geschenke.
Das Essen ist gut und auch Getränke.

18 Hochwasser

Auf den Wiesen bilden sich kleine Seen.
Jetzt sind sie aus Eis und es tanzen Feen.
Der Himmel ist weiß und es fällt jetzt Schnee
über das Tal, über die Bäume und den Klee.

Früher sind wir hier Schlitten gefahren.
Eiszapfen hingen am Fensterrahmen.
Mit Schuhen sind wir am Eis geschlittert.
Trotz Handschuhen haben wir gezittert.

Manchmal hatten wir eine Schneeballschlacht.
Über uns Kinder hat man oft gelacht.
Der Schulbus kam im Winter oft zu spät.
Es war oft kalt in der Realität.

Bis der Schnee in der Rhön geschmolzen ist,
gibt es hier oft Hochwasser, wie Ihr wisst.
Der Winter ist ein grimmiger Gesell.
Er bleibt oft länger und geht nicht so schnell.

Hochwasser steht hier lang auf den Wiesen.
Im Winter muss man auch oft hier niesen.
Die Rhön und der Vogelsberg sind oft kalt.
Wandern kann man hier durch den Winterwald.

Man sieht hier Wildschweine und Rehböcke.
Wer schnell gehen will, nimmt auch
Gehstöcke.
Wer auf dem Berg ist, hat gute Aussicht.
Das Wetter passt mal. Mal passt es auch nicht.

19 Erinnerungen

Wo sind nur die Tage der Kindheit geblieben?
Man konnte sich beim Spielen einfach
verlieben.
Im Herbst und im Winter ist es einfach zu kalt.
Dann braucht man eine(n) Partner/in und mehr
Halt.

Die digitale Welt ersetzt nicht die
Gemeinschaft.
Es ist nur eine Ergänzung zu der Freundschaft.
Mehr Gespräche und Tanzen sind heute noch
gut.
Wo ist die Freude, das Lachen und Übermut?

Vieles geht gemeinsam und zusammen auch besser.
Am Tisch sitzen manchmal viele Mitesser.
Leben wie Reisen macht gemeinsam mehr Freude.
Kleine Kinder wachsen schnell und sind dann Leute.

Alleinerziehende sitzen dann da.
Kinder sind erwachsen und nicht mehr da.
Das Leben geht jeden Tag stets weiter.
Viele Stufen gibt es auf der Leiter.

Erinnerungen teilt man auf Facebook.
Auf Fotos hat man einen frischen Look.
Wann bekommt man wieder Einladungen?
Im Leben gibt es auch Änderungen.

Neues zieht gerne in das Leben ein.
Renovierungen sind manchmal echt fein.
Zusammen gestalten macht viel mehr Sinn.
Ein Partner ist willkommen und Beginn.

20 Eier mit Schale

Eier sind allgemein zerbrechlich.
Doch in Eiern ist sehr viel möglich.
Ein Ei reift im Körper heran,
bis es befruchtet wird, bald sodann.

Ob männlich, weiblich oder divers,
sieht man erst, wenn es schlüpft aus dem Vers.
Babys oder Küken wachsen dann
schneller, als man da hinschauen kann.

Eier, die gelegt werden ins Nest,
sind zu verarbeiten, weich und fest.
Wer will schon hart gekochte Eier?
Sie sind zur Deko auf der Feier.

Weiche Eier sind zum Frühstück besser.
Sie lassen sich zerteilen mit Messer.
Das Innere ist gelb, außen ist's weiß.
Eier sind sehr gut, Ei rät nicht, Ei weiß.

21 Im Parkhaus

Viele fahren jeden Tag ins Parkhaus parken.
Frauen und Männer, das sind nicht nur die
Starken.
Für Frauen gibt es extra den Frauenparkplatz.
Das ist eine gute Idee mit einem Satz.

Manche fahren zum Einkaufen rein in der
Tour.
Sie parken eine Stunde oder kürzer, nur.
Autos stehen eng aneinandergedrängt.
Manchmal hat sich schon ein Auto auch
vorgedrängt.

An der Kasse ist erst das Ticket zu zahlen.
Das Display zeigt den Betrag mit einem
Strahlen.
Nur bezahlte Tickets lassen das Auto raus.
Sonst sitzt mal auf einmal fest in diesem
Parkhaus.

Verlorene Tickets kosten eine Gebühr.
Diese weicht beträchtlich ab von der
Grundgebühr. Das Ticket gibt es für viele auch
zu mieten. Das ist dann ein Schnäppchen, was
sie mir rieten.

Bei der Agentur ist ein Parkhaus dann.
Ich kann rein- und rausfahren irgendwann.
Von Montag bis Freitag ist es richtig.
Denn Arbeit ist für das Gehalt wichtig.

Mein Ticket ging am Wochenende nicht.
Ich stand vor der Schranke, sie blieb dann
dicht.
Fahr am Wochenende nicht ins Parkhaus.
Das Ticket ist nur für die Arbeit im Haus.

22 Erinnerung an schwere Unfälle

Eine Woche hat sieben lange Tage.
Schön sind sieben Tage ohne Klage.
Im Krankenhaus ist die Woche sehr lang.
Ärzte geben morgens einen Empfang.

Wie kann man denn das alles aushalten?
Krankenschwestern und Büros verwalten.
Chronische Schmerzen bleiben im Leben.
Erinnerungen unangenehm eben.

Ein Krankenhaus ist nur von außen schön.
Kopfschmerzen sind manchmal wie
Dauerföhn.
Man lebt weiter mit den Diagnosen.
Blutkonserven sind in manchen Dosen.

Mehrfache Traumata sind vorhanden.
Man will nicht wieder in dem Haus landen.
Bei Unfällen hilft auch Intubation.
Künstliche Ernährung ist die Option.

Unfallpatienten leben dann weiter.
Gut gemacht, sagt der Abteilungsleiter.
Was ist mit Nachsorge und Rehas dann?
Das werden sie schon merken irgendwann.

Der Unfall ist nicht Absicht gewesen.
So was passiert auch mehrmals im Leben.
Psychisch sind die Schäden gleich erkennbar.
Arztbesuche zigfach und auch nennbar.

23 Schmerzen

Lächle Deine Schmerzen einfach weg.
Du musst nicht nur leben in dem Dreck.
Manchmal kannst du von Besserem träumen.
Du kannst das Elend gut versäumen.

Leider gibt es diese schlechten Leute.
Positives ist gut im Heute.
Vergiss die Leute, die betrügen.
Wer mag schon Leute, die oft lügen?

Viele kennen nicht Dein wahres Ich,
Sie reden einfach schlecht über Dich.
Wer es gut mit Dir meint in der Not,
der teilt mit Dir auch mehr wie ein Brot.

Freunde sprechen miteinander beim Wein.
Themen gibt es viele, groß oder klein.
Neuigkeiten werden gut ausgetauscht.
Jeder ist glücklich, der den Stimmen lauscht.

Frauen haben hier auch was zu sagen.
Schmerzen haben manche, die auch klagen.
In Foren unterstützt man sich dabei.
Gespräche helfen mehr und sind auch frei.

Therapien sind mehrfach hier im Netz.
Meine Freundin heißt mit Nachnamen Metz.
Das Studium war gut und auch Wissen.
Das Wissen ist ständig aufzufrischen.

24 Lücken im Lebenslauf

Frauen haben im Lebenslauf öfter Lücken.
Denn das Leben mit Kindern hat seine Tücken.
Weiter geht es, wenn Familie zu pflegen ist.
Das ist manchmal eine Crux oder eine List.

Frauen und Männer sind manchmal auch
arbeitslos.
Fachkräfte werden gesucht? Das ist manchmal
aussichtslos.
Fortbildungen zählen nun auch zu der Vita.
Kinder sind nur, wenn sie klein sind, in der
Kita.

Was ist,wenn im Leben Überraschendes
passiert?
Wenn man krank wird oder nicht mehr arbeiten
kann.
Wo sind dann Behörden oder ein guter Mann?
Lücken sind oft kreativ und studiert.

Wer gibt Schwerbehinderten dann Arbeit?
Wenig Firmen geben gute Auszeit.
Stellen gibt es am Amt in Jobbörsen.
Andere kaufen Aktien an Börsen.

Für die Rente braucht man viele Jahre.
Dabei werden grau die langen Haare.
Wer nicht täglich zur Arbeit fahren will,
muss hierbleiben lange Jahre sehr still.

Wer Eigentum hat, muss auch Geld haben.
Monatlich kommen viele Abgaben.
Der Staat will an allem mitverdienen.
Politiker sitzen auf Goldminen.

25 Rente für Frauen

Rente - Frauen leben länger aber wovon,
das fragt man sich hier in Deutschland nun
schon?
In diesem Kontext tauchen viele Fragen auf,
weil Frauen haben einen bunten Lebenslauf.

Wenn man als Frau nun Eigentum erworben
hat,
dann sind die Behörden und Chefs nun mal
aalglatt.
Sie setzen dich mit Schmerzen einfach vor die
Tür.
Was können alleinerziehende Frauen dafür?

Mädchen, Frauen und Damen sind anders
gepolt.
Sie haben sich aus Büchern gute Tipps geholt.
Sie haben wenig Geld und müssen überleben.
Bei vielen sieht man nicht das große Erdbeben.

Frauen haben jeden Tag viel zu tun,
im Haushalt und im Garten, was ist nun?
Sie sorgen viel vor auch für den Winter.
Manche haben auch sehr viele Kinder.

Frauen verdienen weniger im Lohn.
Die Rente im Alter ist wie ein Hohn.
Viele Arbeiten sehen Männer nicht.
Wer ist da zuständig, welches Gericht?

Hausarbeit wird bei vielen nicht entlohnt.
Beim Waschen und Putzen man sich nicht
schont.
Auch das Essen will täglich gekocht sein.
Ins Essen kommen Lebensmittel rein.

Lebensmittel steigen auch hoch im Preis.
Das ist bei Jungen so und auch beim Greis.
Erhöht bitte die Rente für Frauen.
Nach jeder Nacht kommt ein Morgengrauen.

26 Otto

Emden feiert Otto und seine Ottifanten.
Diese Plüschelefanten sind nun mal Giganten.
Otto hat sie während der Schule erfunden.
Das Malen vertreibt ihm manche
Mußestunden.

Der Künstler ist 75 Jahre Otto.
Lachen und Glücklichsein, das ist sein
Lebensmotto.
Die Ottifanten sind jetzt schon 50 Jahre.
Otto trägt schon seit Langem die blonden
Haare.

Als Künstler ist er schon sehr lange
weltbekannt.
Er ist sehr lustig über die Bühnen gerannt.
Zuletzt spielte er im Film über Catweazle.
Im Kino sind Zuschauer wie Hans und Liesel.

Otto ist ein Komiker und auch weltberühmt.
Seine lustigen Sprüche werden hier gerühmt.
Otto hat heute auch sehr viele Kollegen.
Humor ist sehr gut, man soll ihn auch gut
pflegen.

27 Trachtenfest in Schlitz

Hier ist die Welt zu Gast bei Freunden/-innen.
Vieles ist jetzt neu, außen und innen.
Vier Tage geht das Trachtenfest in Schlitz.
„Groß wird gefeiert", sagt der kleine Fritz.

Der Umzug am Trachtenfest ist lange.
Musikgruppen ziehen durch im Klange.
Pferde mit Kutscher ziehen die Wagen.
Es ist schön, hört man viele sagen.

Viele Gruppen tanzen auch im Umzug.
Manche trinken einen Schluck aus dem Krug.
Die Freude ist in vielen Gesichtern.
Später ist es zu lesen bei Dichtern.

Das Trachtenfest ist ein Kulturevent.
Jeder/Jede freut sich, wer es hier kennt.
In Schlitz ist es ein Ausnahmezustand.
Trachten sind gerne gesehen im Land.

Es kommen Gäste von nah und von fern.
Trachten sind alt oder auch mal modern.
Man trifft sich und feiert mit den Ländern.
Hier bestaunt man Leute in Gewändern.

Auch die Musik ist zahlreich vertreten.
Viele Gruppen am Marktplatz auftreten.
In jedem Zelt gibt es neue Musik.
Alles geht in Freundschaft und ohne Krieg.

28 Die Musikband Pasta

Der Trommler isst wohl gute Suppennudeln?
Denn dann kommt man wohl nicht so leicht ins
Strudeln.Die Gitarristen sind Spaghettispieler.
Denn Nudeln schmecken gut, da gibt es
Schieler.

Vorne links ist ein Hippie wie ein Sushi.
Er singt so schön, das hört auch die Muschi.
Der Bandnudelstar singt vorne in dem Bild.
Das Publikum ist begeistert und klatscht wild.

Die Komposition kommt wohl aus Italien.
Nudeln gibt es überall in Stadien.
Die Welt ist begeistert und hat Appetit.
B3 ist ein Nicotinsäureamid.

Oma hat früher die Nudeln selbst gemacht.
Das kann ich jetzt auch, hab ich mir gedacht.
Spätzle sind einfach und lassen sich schaben.
Daran können sich alle nachher dann laben.

Spaghetti kauft man besser bei Edeka.
Sie kochen im Wasser und sind schnell gar.
Eine Tomatensauce schmeckt gut dazu.
Nudeln machen satt und begeistern im Nu.

29 Zähne

Zähne habe ich heute schon geputzt.
Hoffe sehr, dass es für Zähne auch nutzt.
Letztes Jahr habe ich Termine gehabt.
Ein Imitat ist mehrmals angepasst.

Essen schmeckt täglich mit vielen Zähnen.
Zähne sind gut, man soll es erwähnen.
Zahnkaries ist eine Erkrankung.
Diesen Zahn betrifft es nicht mit Dankung.

Andere Zähne will ich behalten.
Und nicht gleich wieder Zahnarzt einschalten.
Zähne sind gut für tägliche Mahlzeiten.
Sie haben auch vieles zu bearbeiten.

Steckt etwas zwischen den Zähnen.
Nimm Zahnseide, die ist zu erwähnen.
Ein guter Zahnarzt begrüßt mich dann mal.
Zahnarzttermine sind nicht eine Qual.

Gute Nachrichten sind stets willkommen.
Alle Seiten agieren besonnen.
Viele Versicherungen sind teuer.
Partner sind dann besser bei der Steuer.

30 Luxus

Vom vielen Kaffeeklatsch wird man als dicker.
Die Hose passt nicht mehr und wird nicht
schicker.
Der plastische Chirurg kann kaum was richten.
Ich kann hier sitzen und dazu was dichten.

Wer bezahlt die vielen Gedichte dann mal?
Luxus ist reich sein mit Stil und ohne Qual.
Wer viel isst und trinkt, muss dann auch
abnehmen.
Im Alter geht das schlecht, weil Kilos lähmen.

Besser ist dann Sport und reiche Bekannte.
Rätseln macht Spaß und eine Variante.
Wer geht zusammen mit mir einkaufen?
Und kauft die Geschenke mit roten Schlaufen?

Jeder Tag mit mir ist ein großes Geschenk.
Es gibt jetzt Ohrringe mit Kugelgelenk.
Ringe vertrage ich nur aus echtem Gold.
Silber ist auch mal schön oder auch Weißgold.

Allergien sind gesetzt im Gen.
Ich habe davon mindestens zwei hoch zehn.
Im Alter braucht man ständig mehr Hilfsmittel.
Gestiegen im Preis sind auch Lebensmittel.

31 Kaffee

Kaffee ist ein gutes Aufwachgetränk.
Morgens ist Kaffee ein gutes Geschenk.
Mit Kaffee habe ich ein Ritual.
Der Tag beginnt und wird dann nicht zur Qual.

Kaffee läuft durch den Porzellanfilter.
Als Sorte wähle ich Kaffee milder.
Drei Löffel sind dann auch genug.
Danach fühle ich mich nach dem Entzug.

Früher habe ich Bohnen gemahlen.
Frischer Kaffee ist gut beim Auszahlen.
Morgens ist der Kaffee besonders frisch.
Dann bin ich auch einmal sehr wählerisch.

Mit Kaffee bekomme ich etwas Kraft.
Kaffee ist ein magischer Aufwachsaft.
Langsam kann ich aus dem Bett aufstehen.
Jetzt kann ich unter die Dusche gehen.

Man bewegt sich dabei wie die Aale.
Vor dem Kaffee gibt es Rituale.
Sonst würde ich vielleicht da umfallen.
Auch die Schuhe haben teils ja Schnallen.

32 Überweisungen

Überweisungen sind gerne gesehen,
ob man zu Ärzten geht oder kann kaum stehen.
Chronische Schmerzen gibt es überall hier.
Gehen wir zu mir hier oder auch zu Dir?

Überweisungen am Konto sind besser.
Denn Ernährung ist gut für gute Esser.
Auch Lebensmittel sind teuer geworden.
Wer gibt Ökotrophologen den Orden?

Ernährung beinhaltet auch Getränke.
Kinder und Bekannte brauchen Geschenke.
Das Leben kostet hier täglich sehr viel Geld.
Warum wächst nur so viel Unkraut auf dem
Feld?

Ungeziefer gibt es auch in der Wohnung.
Jeder, der hier wohnt, bekommt wenig
Schonung.
Manche haben eben viel zu wenig Kraft.
Neben Wasser gibt es auch den guten Saft.

33 „...mit und ohne...“

Mit meinen Freunden spiele ich hier.
Ohne meine Freunde wäre ich nicht hier.
Informationen brauche ich viele.
Zeitungen, Musik, Nachrichten, Spiele.

34 Poesie

Moderne Gedichte sind Poesie.
Das Leben beinhaltet Ironie.
Leben ist mehrfach auszuhalten.
Moderne Gedichte unterhalten.

Gedichte sind sehr individuell.
Gedanken werden mitgeteilt, auch schnell.
Sie beschreiben dann Situationen.
Besser sind natürlich Sensationen.

35 Froh Sein

Froh zu sein bedarf es wenig.
Denn wer froh ist, ist ein König.
Mädchen können lachend beginnen.
Denn sie sind dann Königinnen.

36 Ohne Navi

Ohne Navi ist man komplett hilflos.
Man fährt einfach nicht mehr darauflos.
Es gibt jetzt viel zu viele Schilder.
Wer will schon neue Blitzer-Bilder?

In der Stadt sind 30er-Zonen.
Der Einkauf will sich ja auch lohnen.
Die Stimme sagt Dir, wo es hingeht.
Damit Du nicht kommst einmal zu spät.

Das Navi macht Fahren sympathisch.
Entspannt fährst Du nun auch phlegmatisch.
Pass auf Dich und auf andere auf.
So kommst Du gut durch den Tageslauf.

In fremden Städten kennst Du Dich nicht aus.
Das Navi leitet Dich zu jedem Haus.
Ein Update für Navis muss auch mal sein.
Das „Draußen" ändert sich tagaus, tagein.

37 Witzig in den Tag

Wer denkt sich nur die ganzen Witze aus?
Täglich lachen hier Annette und Klaus.
Gute Laune steckt jeden Menschen an.
Seid dankbar jeden Tag und denkt stets dran.

Mit Frohsinn und etwas Gemütlichkeit
schafft man Arbeiten leicht mit Fröhlichkeit.
Mach ein paar Pausen mit gutem Essen.
Dann gewinnst Du Freunde auch in Hessen.

Habe jetzt Freunde auch aus Norwegen.
Sie machen mich manchmal ganz verlegen.
Die Welt ist groß und durch Facebook vernetzt.
Wo sind meine Freunde, wo bin ich jetzt?

Gute Laune ist gut auszutauschen.
Ich chatte und will mich jetzt mehr
austauschen.
Witze sind gut, doch ich vergesse schnell.
Morgen ist manches nicht mehr aktuell.

38 Das System

Das System hier ist manchmal zum Schreien.
Man sucht was Gutes, will kaum leihen.
Zum Leben braucht man viel Geld und Kraft.
Wer gibt hier was weiter in Freundschaft?

Oft sind Vorschriften zu erfüllen.
Viele Briefe sind zu zerknüllen.
So viele Ordner hat man nun kaum.
Für Papier muss sterben mancher Baum.

Schaut einfach über den Tellerrand.
Seht auch die Not an einem Wegrand.
Gutes hilft viel in der Situation.
Das System ist schlecht in Reduktion.

Hülle und Fülle ist mehr gefragt.
Gerichte haben auch schon versagt.
Wem dienen die guten Gesetze?
Zeigt mir endlich die guten Plätze.

Das System soll auch mir weiterhelfen.
Im Märchen gibt es Füchse und Elfen.
Ich bete jetzt an die Macht der Liebe.
Hier ist mehr Wohlstand in dem Getriebe.

39 Lokomotive Dui Logomodif – ein polnisches Projekt

Die große Lok ist heiß. Dui grossa log isch
hois
Ihr Öl tropft auf das Gleis. ihr el tropft aufs
glois
Und Öl ist, wie man weiß,
Lokomotivenschweiß.
Bei uns sind die Gleise schon abgebaut.
Kleinstädte haben das schon verdaut.

Den ÖPNV gibt es hier kaum noch.
Die Autos fahren mit dem Auspuffloch.
Wer kein Auto hat, hat es schlecht im Dorf.
Die Busse fahren selten mal zum Dorf.

Im Busplan gibt es sehr viele Lücken.
Das Landleben hat so seine Tücken.
Die Nostalgie hat Lokomotiven.
Man fährt gern in die Stadt mit Motiven.

Alten Leuten fällt das Tragen so schwer.
Beim Einkauf sind die Taschen dann nicht leer.
Wer bringt die Züge zurück auf das Land?
Bemalt sind die Brücken an der Wand.

Ältere Personen schauen verdutzt.
Wer hat ihnen denn die Flügel gestutzt?
Lokomotiven gibt es nur fürs Kind.
Sie spielen damit zusammen geschwind.

Viele Leute vermissen die Züge.
Der Flughafen braucht sie für die Flüge.
Personen fahren vom Bahnhof zum Ziel.
Manchmal vergessen sie dabei auch viel.

Schwerbehinderte haben es nicht leicht,
wenn die Zeit auf einmal dann nicht mehr
reicht.
In Ausnahmen ist die Bahn auch pünktlich.
Wenn man warten muss, ist es auch kältlich.
Familien haben da Vorteile,
Gruppen vertreiben sich Langeweile.
Das Umsteigen ist ein Abenteuer.
Die Tickets sind günstig oder teuer.

40

Manchmal drückt die Bahn auch ein Auge zu.
Reisende sind mit der Bahn gleich per Du.
In der Bahn gibt es Businessklasse.
Ledersitze sind in erster Klasse.

Die Bahn lockt jetzt mit billigen Tickets.
Der Lokführer heizt sie an mit Briketts.
Fernfahrende haben was zum Lesen.
Ich bin auch schon in der Bahn gewesen.

Toiletten sind manchmal von außen zu.
Die Bahnhöfe sind mal gut oder tabu.
Die Dampflok fährt noch in manchen Städten.
Alte Ersatzteile sind zu fetten.

Sammler zahlen für sie hohe Preise.
Manche machen Fotos auf die Weise.
Und es ist wirklich noch gar nichts verloren
Also geben wir der Lokomotive die Sporen.

Und die Vernunft der Bürger wird siegen, ihr
wisst es
So ist es, so ist es, so ist es, so ist es.

(Das Gedicht ist ein Gedicht zum Projekt, bei
dem Fortsetzungen erfolgen)

41 Geräusche

Geräusche gehen manchmal auf den Geist.
Von Geräuschen sind manche weggereist.
Hubschrauber machen sehr laute Töne.
Andere beim Arbeiten Gestöhne.

Des Bohrers Laute sind unangenehm.
Beim Zahnarzt sitzt man auch nicht sehr
bequem.
Eigene Töne manchmal erschrecken.
Laute Töne tun Nachbarn aufwecken.

Beim Lärmpegel kann man kaum arbeiten.
Wie kann man den Lärm, der stört, umleiten?
Bei Corona gab es FFP-Masken.
Weitere Unkosten sind da Lasten.

Lärmen und Schreien kann jetzt jedes Kind.
Das Lärmen nachts kommt manchmal auf vom
Wind.
Geräusche hört man täglich aus Quellen.
Die Musik ist laut, weil Hunde bellen.

42 Gewürze etc.

Lavendel und Zimt
und dass so was von so was kommt.

Minze und Dill
Es gibt bald was auf dem Grill.

Rosmarin und Thymian
Gewürze sind bei vielen dran.

Salz und Basilikum
Hoffentlich ist bald das schlechte Wetter 'rum.

43 Unbekannt

Ja, schade, dass Leute viel nicht kennen.
Namen sind Schall und Rauch nur zu nennen.

Die Zeit hier geht viel schneller noch vorbei.
Manche haben's besser und schwindelfrei.

Von mehreren Seiten gibt es Fotos.
Veranstaltungen haben dann Mottos.

Viele sind da und gehen lieb gekannt.
Manche reisen dann auch nach unbekannt.

44 Zahlreiche Gründe für das Leben

Es gibt zahlreiche Gründe jeden Tag.
Demokratie ist wählbar, die ich mag.
Wer gibt Frauen genug Geld zum Leben?
Sozialversicherung und Gehalt eben.

Wieso sind Schwerbehinderte daheim?
Sie können zum Beispiel auch das Latein.
Die Rente ist wenig von halben Tagen,
überdies sollen sie dann noch klagen.

Anerkennung für Schmerzen sind einfach
Dazu braucht man kaum das Schubladenfach.
Auch Schwerbehinderte können heiraten.
Fachkräfte können dazu auch raten.

Andere feiern goldene Hochzeit.
Für manche sind die Wege zu weit.
Besser ist auch das Zusammenleben,
um gemeinsame Pläne zu weben.

Zusammen schmeckt es am Tisch auch besser.
Zum Besteck gehören Gabel und Messer.
Die Suppe kommt mit Löffel in den Mund.
Für den Nachtisch gibt es auch einen Grund.

Gründe sind zahlreich täglich vorhanden.
Lasst uns feiern mit bunten Girlanden.
Jeder Tag, den man noch erleben kann.
Ist ein Grund zum Feiern für Frau und Mann.

45 Fasching

Faschingskinder haben im November
Geburtstag.
Das hat einmal ein Pfarrer gesagt, woran das
lag?
Im November fängt der Fasching dann wieder
neu an.
Ein tolles Treiben ist das mit Humor, Sang und
Klang.

Das Leben wiederholt sich ständig nach
Jahreszeit.
Denkt an jeden Tag, was er gibt und wie er
bereit.
Ohne Vorbereitung gibt es im Leben wenig.
Manche denken, sie leben auf der Erde ewig.

Wer nicht gut zu Frauen ist, soll sich lieber
schämen.
Frauen sollen sich lieber mehr Freiheiten
nehmen.
Ohne Frauen kommen Kinder hier nicht zur
Welt.
Kinder sind ein Geschenk Gottes, es bedarf
auch Geld.

Im Fasching kann man sich schön schminken
und verkleiden.
Wer dafür kein Geld hat, ist hier zu
bemitleiden.
Kinder können mehr als Cowboy und Indianer
sein.
Im Rheinland wird groß gefeiert bei einem
Glas Wein.

Beim Karneval kann man lustig und fröhlich
sein.
Fasching oder Karneval, wo soll der
Unterschied sein?
Im Biologieunterricht sind die Kinder gleich.
Da sitzen nicht welche, die trennen nach Arm
und Reich.

Lachen können ist für alle Menschen auch mal
gut.
Harry Potter hat für Kinder einen Zauberhut.
Im Fernsehen hört man Büttenreden von
Weitem.
Das ist im ersten Programm so und auch im
Zweiten.

46 Fasching 2024

Bald sieht man wieder Faschingsgesichter,
Konfetti, Girlanden und bunte Lichter.
Faschingskräppel sind schon im Angebot.
Es gibt sie beim Bäcker neben dem Brot.

Kinder und Eltern verkleiden sich gern.
Sie gehen als feine Damen und Herrn.
Der Fasching ist lustig und kunterbunt.
Manche tragen Masken von einem Hund.

Büttenreden sind geschmückt mit Komik.
Es wird gut geschunkelt, dann mit Musik.
Die Polonaise geht weiter, ein Stück.
Fasching ist jedes Jahr wieder zum Glück.

47 Der erste April

Die Ersten-Aprilscherze sind heiter.
Das Leben geht jetzt im Frühling weiter.
April ist vom Wetter abwechslungsreich.
Draußen im Garten gibt es Arbeit gleich.

Wer Kraft hat, kann viel im Garten machen.
Im Haushalt gibt es Arbeit und Sachen.
Beschäftigung ist überall ständig.
Wer ist hier für was manchmal zuständig?

Der private Haushalt wird nicht bezahlt.
Wen interessiert es, wenn ein Fenster strahlt?
Der Frühjahrsputz ist gängige Praxis.
Flugzeuge grüßen von der Galaxis.

Aprilscherze kommen jährlich wieder.
Im Frühling blüht dann auch wieder Flieder.
In den Zeitungen stehen die Witze.
Humor ist versteckt in jeder Ritze.

48 Beziehungen

Beziehungen brauchen gute Gespräche.
Denn Absprachen sind nun mal gute Wege.
Das tägliche Gespräch hilft vielen weiter.
Es wirkt aufbauend wie bei einem Bauleiter.

Manche haben Selbstgespräche jeden Tag.
Da fragt man sich, woran das jetzt wieder lag?
Sanft sind die Wellen, die jeden Tag fließen.
Gespräche gibt es hier und auch in Gießen.

In der heutigen Welt sind Frauen gefragt.
Denn sie sind auch in Karlsruhe begabt.
Überall in der Welt gibt es einen Markt
und einen Parkplatz, wo dann das Auto parkt.

Die Software macht auch Homeoffice möglich.
Das ist in der globalen Welt jetzt nötig.
Über Laptop kann man telefonieren.
Die Termine kann man umdisponieren.

Wer einem wirklich wichtig ist im Leben,
sieht man erst nach den Gesprächen eben.
Ein Fundament ist am Tage gut gelegt.
Da sieht man auch alles, was einem bewegt.

Partnerschaften sind natürlich wunderbar.
Dafür gibt es manchmal auch ein Seminar.
Zusammen kann man dann auch besser lernen
und sich auch gegenseitig manchmal wärmen.

49 Statistiken

Was wird in Statistiken schön gerechnet?
Wer Zahlen hat, der hat sie auch berechnet.
Analysen zeigen Schwächen und Stärken.
Dokumente sind gut, will man sich merken.

Wo ist der wärmste Monat oder die Woche?
Wo sind Lebensmittel, wenn ich was koche?
Wo sind Leute, die ich schon eingeladen?
Wo ist Geld, wer bezahlt diesen Schaden?

Das statistische Mittel ist variabel.
Gesetze sind fies, was ist justiziabel?
Wer die Füße trocken hat, kann gut lachen.
Ausnahmen und Nöte gibt es bei so Sachen.

Zahlen sind im Leben außer Kontrolle.
Was spielt eigentlich richtig eine Rolle?
Welche Zahlen sind echt, welche kaum
messbar?
Es gibt Skandale, was ist hier noch essbar?

50 Kirschblüten

Kirschblüten verzaubern viele Personen.
Kirschen schmecken sehr gut, wie auch
Zitronen.
Die Bienen, Wespen und Hummeln bestäuben.
Das Wetter tut sich manchmal da noch
sträuben.

Jedes Jahr stehen Bäume in Blütenpracht.
Gebt auf die Ernährung und auf Obst gut acht.
Im Supermarkt gibt es viele Angebote.
Heimisches Obst hat eine gute Note.

51 Vor Ostern

Die Osterhasen liegen im Supermarkt da.
In vier Wochen feiern wir Ostern, das ist klar.
Die Ostereier schmecken gut mit Proteinen.
Das wissen Joachim, Jan und Sabine.

Der Osterhase muss viele Eier legen.
Manchmal helfen auch die Hennen für den
Segen. Das erste Grün grüßt uns alle von den
Wiesen. An den Sträuchern sieht man erste
Blätter sprießen.

Die Natur erwacht und lädt zum Spaziergang
ein.
Lasst frische Luft und Inspirationen rein.
Draußen sieht man oft jetzt kleine Elfen
tanzen.
Sie eröffnen Dir und mir jetzt neue Chancen.

52 Frohe Ostern

Frohe Ostern und neue Sommerzeit.
Ernähre Dich bewusst mit Gemütlichkeit.
Der Laptop verführt wieder zum Log-in.
Es grüßt Euch die Ökotrophologin.

53 Redesign

Morgen hat sie ein Vorstellungsgespräch
nun schon wieder auf Suche zeitgemäß.
Wer will sie nun noch lange einstellen?
Man hört die Hunde draußen schon bellen.

Eine Frau in diesem Alter allein?
Wie wird das im nächsten Jahr dann noch sein?
Sie ist krank und schwerbehindert dazu.
Wollen sie sie testen, mal im Nu?

Arbeiten kann sie wohl, da sie noch lebt.
Ob sie dann hier noch an der Arbeit klebt?
Junge Frauen gehen noch zur Schule.
Weil sie noch kommt, ist sie wohl 'ne Coole.

Arbeitgeber haben es jetzt besser.
Sie wählen aus und sind dann auch kesser.
Homeoffice ist für sie eine Option.
Sie braucht auch einen sehr guten Lohn.

Sonst kann man allein nicht existieren.
Deswegen wird sie sich nicht genieren.
Sie bügelt wohl noch alle Falten glatt.
Mal sehen, wie es ist, in dieser Stadt.

In einer großen Stadt lohnt ein Design.
Sie probiert Kleider an und wahrt den Schein.
Ein Redesign ist jetzt wohl gegeben,
um Abenteuer neu zu erleben.

54 Diagnosen

Krebs ist eine schlimme Erkrankung.
Man kehrt zurück, ohne Abdankung.
Die Bekanntgabe ist unangenehm.
Das Fragezeichen klebt dann wie Lehm.

Lebensmittel sind krebserregend.
Zigaretten sind auch zerlegend.
Wer gibt den Kranken guten Zuspruch?
Operationen sind ein Versuch.

Wie kann man sich wieder sicher sein?
Garantien und Wünsche sind klein.
Das Leben ist kurz und lebenswert.
Wie kommt man zu dem, was sehenswert?

Gute Gespräche geben Fortschritt.
Die Puste ist kaum da im Laufschritt.
Wenige wissen etwas Gutes.
Der Kreislauf der Zellen im Blutes.

55 Formel 1

Formel 1 ist eine Veranstaltung.
Autos fahren da in Geheimhaltung.
Sie haben alle da Ersatzteile.
Schumacher war ein Fahrer mit Weile.

Vater hat die Autos gern gesehen.
Schumacher hat Nachwuchs, das kann man
sehen.
Verstappen, Hamilton, wie sie heißen.
Weltweit sind sie ausgezeichnet mit Preisen.

56 Tanz in den Mai

Heute Nacht ist der Tanz in den Mai.
Leute, macht Euch chic und seid dabei.
Jetzt geht es in den Wonnemonat.
Singt jetzt Lieder in jeder Tonart.

Der Mai lässt viele Blumen blühen.
Der Grill ist an und Holzkohlen glühen.
Feiertage gibt es nun im Mai.
Der erste Mai ist auch gleich dabei.

57 Sommeranfang 2024

Heute ist Sommeranfang und längster Tag.
Die Helligkeit ist wunderschön ohne Frag.
In Skandinavien feiert man Feste.
In Kriegsgebieten gibt es Proteste.

Der Sommer kann langsam jetzt beginnen.
Man friert oft draußen und manchmal innen.
Sommer ist Wärme mit viel Sonnenschein.
Helligkeit ist gut ohne Lampenschein.

Lasst uns den Sommer jetzt gut begrüßen.
Damit wir nicht länger frieren müssen.
Der Sommer ist die beste Jahreszeit.
Die Wärme ist gut mit Gemütlichkeit.

58 Domplatzkonzerte

In Fulda sind jetzt Domplatzkonzerte
Vor dem Dom singt man und feiert die Werte.
Dieses Jahr haben sie Glück mir dem Wetter.
Bei warmem Sommer ist es da auch netter.

Am Samstag kommt auch der Weltstar Sting
hierher.
Er singt seine Lieder im Konzert und mehr.
David Garett, Pur und Maffay waren hier.
Fulda als Stadt ist Metropole dafür.

Der Hessische Rundfunk ist Veranstalter.
Die Musik da ist gut für jedes Alter.
Viele Stars und Gruppen sind eingeladen.
Hier in Schlitz gibt es nur den Kulturladen.

Sting hat zehntausend Fans hier angezogen.
Viele Fans sind froh und können loben.
Nächstes Jahr ist in Fulda Hessentag.
Auch da gibt es Trubel, wer ihn mag.

Kulturzentrum Kreuz hat mehr Termine.
Ich war oft da ohne Violine.
Haigis und Kunze sind aufgetreten.
Früher, als ich musste leisetreten.

59 Passwortgeschützte Buchstabensuppe

Wer hat früher Buchstaben gesucht?
Die Suppe dazu hat man gebucht.
Namen und Wörter sind schnell gelegt.
Der Teller ist auf einmal gefegt.

Lieber Buchstaben als so Augen.
Die Brühe schlürfen oder saugen.
Das Brot hier in der Gegend ist top.
Ist denn noch mehr Suppe in dem Top(f)?

Mit Hunger ist es schnell gegessen.
Den Rest haben sie schnell vergessen.
Manche Wörter sind nicht da gewesen.
In der Schule lernt man mehr lesen.

Sind die Buchstaben nun da Sterne?
Nur manche essen das nicht gerne.
Die Buchstaben sind passwortgeschützt.
Nudeln sind eine Speise, die nützt.

Mit Brühe sind Nudeln schnell gekocht.
Beim Essen gibt es Kerzen mit Docht.
Ein Suppenrezept ist von Judith.
Mit Paprika besteht es das Audit.

Lehrer und Professoren sind prima.
Sie verbessern auch global das Klima.
Jeden Tag gibt es größere Wunder.
Manche haben Gutes statt den Plunder.

Gute Laune und Frohsinn wunderbar.
Wissenschaftler essen auch, wenn es gar.
Qualität und Vielfalt ist angenehm,
auch wenn es für manche ist unbequem.

60 Pfeifen

Ich lass mir das Pfeifen nicht verbieten,
auch wenn andere mich überbieten.
Den Hals lass ich mir auch nicht umdrehen.
Denn ich pfeif so schön, wie Hähne krähen.

Die Musik inspiriert mich stets wieder.
Es laufen ständig sehr gute Lieder.
Dann pfeif ich etwas mit in dem Rhythmus.
Natürlich passt das auch zum Biorhythmus.

Zum Pfeifen brauche ich hier keinen Tabak.
Manche sagen, ich pfeife Schabernack.
Ich pfeife, weil mir die Musik gefällt.
Zur guten Laune sich Pfeifen gesellt.

Manche hören einfach auf einen Pfiff.
Fußballer spielen bis zu dem Abpfiff.
Pfeifen ist gut für den Mund und Lippen.
Zur Musik kann man mit Pfeifen wippen.

Musikhören ist gut für die Laune.
Netzwerke gibt es, dass ich auch staune.
Vieles Gute finde ich da im Netz.
Eine Freundin heißt mit Nachnamen Metz.

61 Parität?

Warum werden Frauen hier abgestraft?
Sie haben weniger Muskeln und Kraft.
Auch Kosmetik und (Pillen)Pflege sind teuer.
Sie sind benachteiligt in der Steuer.

Ich wünsche, dass es hier auch mal besser
geht,
dass man in der Kommunikation versteht.
Viele Konflikte sind überflüssig.
Denn Frauen argumentieren schlüssig.

Leider ist nur im März ein Frauentag.
Männer brauchen auch täglich sehr viel Rat.
Männer machen seltsame Gesetze.
Sie regieren mit oberen Plätze.

Es ist leider schade, wie sie handeln.
Das Leben ist zu kurz, um zu wandeln.
Ich hoffe, dass noch vieles besser wird.
Von Missverständnissen bin ich verwirrt.

Wer lässt hier Frauen absichtlich leiden?
Manche sind leider nicht zu beneiden.
Viel mehr ist auch hier zu unterstützen.
Damit gute Pläne dann auch nützen.

62 Die Dusche

Duschen ist für manche ein Genuss,
weil man ab und zu auch duschen muss.
Andere gehen in die Wanne
oder benutzen eine Kanne.

Duschen kann man warm oder auch kalt.
Man fühlt sich dann sauber, ziemlich bald.
Neue Duschen sind gut begehbar.
Rechnungen sind dann vorhersehbar.

Unter die Dusche geht man dann nackt.
Zu zweit haben auch welche Kontakt.
Manche tanzen dazu mit Musik.
Mit Seife und Shampoo man sich wiegt.

Das Zimmer wird dabei auch mal nass.
Dann kannst Du es putzen, das ist krass.
Handwerker kosten auch Anrufe.
Sie fühlen sich auch kaum da berufe.

Ein Dank geht dabei an Ukrainer.
Sie helfen auch, wenn da mal keiner.
Natürlich sind es nun Bekannte.
Im Putin-Krieg sind da Verwandte.

Es gibt gute Ideen heute.
Sie kosten mehr Geld für die Leute.
Aufgeräumt ist für Neues dann schnell.
Im Moment sind die Tage noch hell.

63 Sondervermögen

Ständig hört man Sondervermögen,
wo ist denn das gute Vermögen?
Haben nur Regierungen Vermögen?
Bürger/-innen wollen auch Segen.

Wer Geld will, soll Vermögen haben.
Bei Eigentümern kreisen Raben.
Die Politik soll mal was schenken
und nicht nur an Kriege denken.

Diplomatie ist oft angesagt.
Sondervermögen wird angefragt,
wer soll das später bezahlen?
Wollt Ihr eine Quittung bei Wahlen?

Dem Volk muss es auch gut gehen.
Wer will durch rosa Brillen sehen?
Die Realität ist stets präsent,
wenn man Demokratie auch erkennt.

Hat jeder ein Sondervermögen?
Geld ist gut, man muss es auch mögen.
Schulden sind nicht einfach zu zahlen.
Besser ist Reichtum nach den Wahlen.

64 Widersprüche

Widersprüche muss man hier aushalten
können. Gute Gelegenheiten sind auch zu
gönnen.Nur manche Widersprüche zeigen
Grenzen auf. Die Liebe ist bedingungslos im
Lebenslauf.

Manche Menschen sind zu weit weg zum
Tangieren.
Andere sind nah, man lässt sich irritieren.
Widersprüche sind an sich nun mal alltäglich.
Beschwerden sind da, warum bin ich noch
fröhlich?

Widersprüche wandeln sich und sind
Sympathie.
Wer weit weg ist, hat manchmal auch
Telepathie.
Beziehungen sind dann manchmal auch zu
weit weg.
Neues ist zu erleben und dient gutem Zweck.

Widersprüche kommen auch vor Gericht.
Polizei mag ich bei Rechnungen nicht.
Widersprüche sind oft da im Leben.
Leben ist gut beim Nehmen und Geben.

65 Polarlichter

Gestern gab es hier Polarlichter.
Polarlichter ist was für Dichter.
Hat das jemand von Euch gesehen?
So was will ich auch mal ansehen.

Deswegen sagt mir früher Bescheid.
Ich habe abends dann auch mal Zeit.
Sie sind bunt und schön auf den Bildern.
Wer kann mehr Eindrücke hier schildern?

Heute sehe ich die Nachrichten.
Erzählt mir auch Eure Geschichten.
Ich habe das Ereignis verpasst.
Heute Morgen sind sie auch verblasst.

Also sagt mir Bescheid heute Nacht,
damit ich dann auch gleich bin erwacht.
Ich möchte Polarlichter schauen.
Polarlichter gefallen Frauen.

66 Absurd und widersprüchlich

Das Leben ist nun mal um Ecken so.
Man duscht sich auch vom Rücken bis zum
Po.
Digital geht heute alles schneller.
Nur der Abwasch ist besser, wenn heller.

Widersprüche gibt es hier und heute.
Schaut mal über den Tellerrand, Leute.
Selbst innerhalb von Deutschland gibts Gutes.
Mit Skype ist man dann guten Mutes.

In Nachbarländern gibt es auch Arbeit.
Nur von der Mitte aus sieht man nicht weit.
Die Sommerreifen haben gelitten.
Bei Schnee fahren Kinder auf den Schlitten.

Letztes Wochenende hat es geschneit.
Hilfe gibt es diesmal nah und nicht weit.
Der Flieder muss nun auch entsorgt werden.
Bald wächst wieder was in diesen Erden.

67 Hochwasser II

Hochwasser in Süddeutschland und
Nachbarländern.
Wo kommt das Wasser, wie kann man was
ändern?
Wasser ist gewaltig und strömt hinab ins Tal.
Im Wasser schwimmen viele Fische und der
Wal.

Was macht das Wetter, wo kommen Tiefs und
Hochs her?
Wasser kommt von den Wolken und tropft in
das Meer.
Wasser hat in Sekunden sehr viel Kraft und
Macht.
Der Pegel steigt in Flüssen und im
Kellerschacht.

68 Malerarbeiten

Wer macht den Hauseingang so dreckig?
Streichen muss man dann mal auch eckig.
Der Efeu wächst beim Regen so stark.
Wer macht es ab? Esse ich jetzt Quark?

Die Sonne bringt die Flecken dann raus.
Sie bleicht nicht alle Flecken hinaus.
Dafür ist viel Handarbeit nötig.
Mach mal Pause, Arbeit gibts stetig.

69 Fünfundsiebzig Jahre Grundgesetz

75 Jahre ist das Grundgesetz.
Das ist gut für Menschen und nicht nur
Geschwätz.
Die Würde des Menschen ist unantastbar.
Artikel 1 ist gut und nicht belastbar.

Es gibt natürlich noch viel mehr Gesetze.
Polizisten schützen in Deutschland Plätze.
Sie können nicht in jedes Haus reinschauen.
Beziehungen sind friedlich darin aufzubauen.

Bitte achtet darauf im Umgang täglich.
Redet darüber zum Glück ist es redlich.
An sich müsste das auch ein Feiertag sein.
Denn Rechte hat jeder, ob groß oder klein.

Frieden und Gerechtigkeit soll es schützen.
Es soll den Menschen in Deutschland was
nützen.
Lasst Deutschland bitte aus den Kriegen
heraus.
Dann schützt das Grundgesetz mit gutem
Applaus.

Karlsruhe ist warm mit Bundesgerichtshof.
Auch die Uni da und der Park sind grandios.
Offline hat jetzt Stellen vom MRI und mehr.
Ich war mehrfach da und kenne den Verkehr.

70 Der Maikäfer

Der Maikäfer hat jetzt seine Saison.
Er hat wie die Blüten jetzt Hochsaison.
Abends flattert er im Laternenschein.
Meist sind es mehrere im Dasein.

Er brummt und krabbelt im Grünen vor Lust.
Käfer haben es gut, sie sind unbewusst.
Vorbei ist die Sorge um Maikäfer.
Es gibt sie noch, wie auch hier die Schäfer.

Maikäfer sind klein im Universum.
Sie haben hier ein Aufenthaltsvisum.
Schaut im Mai, ob Ihr die Käfer entdeckt.
Behandelt die Käfer auch mit Respekt.

Auf dem Bild ist ein schönes Exemplar.
Der Maikäfer hier ist wohl wunderbar.
Kleine Naturwunder sind überall.
Lasst ihn in Freiheit, er will nicht in Stall.

71 Wörter ändern vieles

In Amerika wird Englisch gesprochen.
Manche Wörter haben schon gestochen.
Wörter verletzen und tun manchen weh.
Schmerzen gibt es vom Schädel bis zum Zeh.

Ohne Humor ist es kaum noch ertragbar.
Die Realität ist hier untragbar.
Im Leben gibt es so manche Phase.
Gute Wörter sind eine Oase.

72 ESC

Heute Abend ist Eurovision Song Contest.
Das ist hier für alle Länder ein Fest.
Er findet dieses Jahr in Schweden statt.
Die große Party steigt in Malmö Stadt.

Für Deutschland ist Isaak diesmal am Start.
Mit einer Feuershow kommt er in Fahrt.
Also ruft für ihn an, jetzt geht es los.
Die Abstimmung wird wieder grandios.

73 The Voice of Germany

Bei der TV-Show singen Jugendliche.
Die Kinder covern Songs sehr wesentliche.
Berühmte Stars sitzen da auf vier Stühle.
Bei solchen Auftritten sind auch Gefühle.

Die Jury ist gut und das Fernsehen strahlt aus.
So bekommen alle Beiträge Applaus.
Lena, die Fantas, W. Weiß und Herr Soler.
Das Beurteilen ist knifflig und mal schwer.

Viele lernen was bei diesen Aufgaben.
Sie singen auch auf Englisch mit Buchstaben.
Jugendliche sind wissbegierig und sehr
schnell.
Der ESC für Kids ist nun auch aktuell.

74 Fußball

Der Ball ist rund und soll ins Tor.
Wo ist denn der Navigator?
Die Spieler stürmen auf das Feld.
Wer wird heute dabei der Held?

Die EM hat jetzt begonnen.
Von wem wird sie bald gewonnen?
Alle Mannschaften sind sehr heiß.
Wer ist die Beste für den Preis?

Der Fußball begeistert heute
weltweit schon sehr viele Leute.
Europa spielt den Meister aus.
Gewinner bekommen Applaus.

75 Schiri

Bei der EM gibt es Zentimeter.
Fotos zeigen auch die Millimeter.
Abseitsfallen kann man dann kaum noch
sehen.
Die EM läuft noch, der Ball wird sich drehen.

Dunja Hayali hat ein Trikot an.
Die neuen Farben sind schön mit Pink dran.
Neue Regeln überraschen jeden.
Assistenten sind dann auch daneben.

76 EM Probleme

Die UEFA trägt die EM aus.
Deutschland ist nicht Katar, man sieht hier
Staus.
Die Deutsche Bahn fährt weiter wie bisher.
Verspätungen, Chaos wie auch vorher.

Nun laufen da Spieler, die sind was wert.
Millionäre werden auch hier geehrt.
Sind die Spiele und Spieler hier sicher?
Security ist gut mit Gekicher.

77 EM mit Glamour

Mit der EM kommt Glamour nach
Deutschland.
Der Gewinn ist begehrt in jedem Land.
Prinz William ist da für Engländer.
König Frederick lehnt am Geländer.

Der Glamour zeigt sich schon am Beginn.
Zuschauer drücken Daumen für Gewinn.
Viele Fans singen in den Stadien.
Heute spielt Italien gegen Spanien.

König Philippe schaut sich das Spiel an.
Es fängt schon mit verschiedenen Fouls an.
Spaniens Mannschaft hat den jüngsten Spieler.
Wer ist in der Abwehr der Blockierer?

Gestern sind Tore geschossen worden.
Zwei deutsche Spieler bekommen Orden.
Wir sind erst am Sonntag dann wieder dran.
Wer zu Hause ist, macht den Fernseher an.

78 Major Tom ⚽⚽⚽⚽⚽ (umgedichtet)

Major Tom ist das offizielle Lied,
wenn der Fußballtrainer dann ein Tor sieht.
Über 80 Millionen sind im Fieber
zur Fußball Heim-EM als Sieger.

Doch der Countdown läuft.
Viele Mannschaften sind gut aufgestellt.
Welcher Schiedsrichter ist hier bestellt?
Jeder Spieler weiß, dass alles zählt.

Jeder fiebert mit.
Doch Major Tom macht einen Scherz.
Dann fällt das Tor und
völlig losgelöst ist der Jubel
schwebt der Fußball im Tortrubel.

Die Vorbereitung ist überwunden
Alles läuft perfekt schon seit Stunden.
Diese Neugierde auf das Spielende.
Doch was nützt die am Ende?
Denkt sich Major Tom.

Auf der Trainerbank, da wird man panisch.
Die Zuschauer pfeifen, da stimmt was gar
nicht.
Hallo, Major Tom, können Sie hören?
Wollen Sie die Freude so zerstören?
Bowie kann nichts hören.

Der Ball schwebt.
Völlig losgelöst vom Spielplatz
schwebt der Ball von Spiel zu Spiel.
Völlig losgelöst vom Fieber
schwebt der Fußball ins Tor nieder.
Applaus, und das Gedicht ist aus.

79 Das EM-Aus

Die Niederlage gestern war bitter.
Deutsche sind nicht vorne oder dritter.
Toni Kroos hat sein letztes Spiel gespielt.
Nur Florian Wirtz hat ein Tor erzielt.

Wir waren kurz vorm Elfmeterschießen.
Spanien schoss noch ein Tor, das wir ließen.
Der Schiri gab nicht einen Elfmeter.
Wegen Cucurella gibts Gezeter.

Olmo und Merino trafen ins Tor.
Was hat Deutschland in der EM noch vor?
Die Fernsehquote vom Spiel war enorm.
Wir sind gute Gastgeber jetzt in Form.

80 Messi Rückblick

Durch Messi bin ich zu Facebook gegangen.
Mit Werbung wollte Herbalife da zulangen.
Mails im Postfach kommen aus der Welt daher.
Als Ökotrophologin hat man es schwer.
Von Schlitz kann man nicht in der Welt dann
reisen.
Es fehlen Strukturen, Gleise und Beweise.

81 EM Statistik Kurioses

EM 2024 Statistik:
Passt bitte auf, denn die Zahlen sind sehr listig.
Nach 18 Spielen sind es fünf Eigentore.
Eben im Spiel mit Portugal eins more.

Auch Flitzer laufen nun durch die Spiele mit ran.
Ein Flitzer zerstört die Kamera irgendwann.
Ein Kind als Fan läuft zu C. Ronaldo.
Das Selfie ist schnell gemacht mit gutem Tempo.

In zehn Stadien wird die EM ausgespielt.
Wer hat jetzt aktuell auf das Tor nun gezielt?
Ein britischer Fan hat im Stadion gepennt.
Beweis ist ein Video mit dem Element.

Toni Kroos gibt bei der EM sein Abschiedsspiel.
Junge Stürmer drippeln und laufen dabei viel.
Spanien hat den jüngsten Spieler Lamine Yamal.
Er hat ein Tor geschossen und zeigt es allen mal.

Nach dem EM-Aus hört Müller auf zu spielen.
Man kann es ihm ansehen und auch
nachfühlen.
Julian Nagelsmann ist ein sehr guter Trainer.
Die EM war laut Statistik Entertainer.

82 Nike

Ab 2027 ist Nike
der Ausrüster des DFB mit Spike.
Nike freut sich schon auf Kooperation.
Der Vertrag passt auf 7 Jahre schon.

Viele Jugendliche ziehen Nike an.
Auch Erwachsene haben Spaß daran.
Nike hat Sportkleidung, Schuhe und viel mehr.
Nike hat Adidas überboten sehr.

Das Logo ist von einer Studentin.
Im Entwurf war sie nun die Regentin.
Sie hat wenig Geld dafür erhalten.
Als Boni Aktien, die sie kann, halten.

Beim DFB ist Nike dann Ausrüster
und sorgt bei ADIDAS für Entrüster.
Nike hat die besseren Konditionen.
Der Vertrag wird sich im Fußball lohnen.

83 FC Bayern

Die Bayern zahlen über 10 Millionen Ablöse für den Trainer.
Die Meldungen zum FC Bayern werden damit jetzt nicht schöner. Der Verein hat seit Jahren zu viel Geld, Boni und Macht angespart.
Der FC Bayern ist seit Jahrzehnten damit eine Sonderart.

Viele Jahre stehen sie oben dabei in der Bundesliga.
Sie sind in ganz Europa bekannt von München, Turin nach Riga.
Jedes Wochenende ist sehr viel los bei Fans im Münchner Stadion.
Die Trainersuche ist lange gewesen mit großer Flexion.

Viele Trainer haben abgesagt, weil sie da wohl nicht mehr wollen.
Was müssen Trainer leisten beim Verein, was ist täglich zu zollen?
Manche Person, die die Nachrichten liest, fragt sich, was da nun abgeht?
Bei diesen Summen ist Geld sehr wichtig, wie man da nun wohl versteht.

84 EM Weiterkommen

In der EM geht es auch um Karten.
Andere müssen auf Züge warten.
Die Bahn gibt welchen Rabatt beim Meister?
Wo sind die Tickets für gute Geister?

Beim Weiterkommen sind manche gesperrt.
Fouls und gelbe Karten sind mal verkehrt.
Natürlich ist sehr fair, da zu spielen.
Es sind ja auch Tore zu erzielen.

85 Suchen und Finden

Gedicht über das Suchen und Finden.
Viele wollen sich heute nicht binden.
Auch im Haushalt findet man was mal nicht.
Für das Suchen braucht man dann viel mehr
Licht.

Das Finden ist besser als das Suchen.
Das kann jeder Mensch oft mal versuchen.
Freude beim Entdecken und neu gewinnen.
Ein Suchspiel kann man täglich beginnen.

Wo ist der Schlüssel, wenn man ihn mal
braucht?
Manchmal kann man sehen, wie der Kopf
raucht.
Singles haben es dann besonders schwer.
Wo kommt die neue Motivation her?

Wenn ein möglicher Partner ist, dann da
heißt es noch lange nicht, dass er sagt ja.
Die Liebe an sich ist schon attraktiv.
Sie ist zu erwerben dabei aktiv.

Wer nicht gefunden werden will, ist dumm.
Denn beim Tanzen geht es auch mal
andersrum.
Wer beim Suchen mal die Geduld verliert,
hat die Freude beim Finden nicht kapiert.

Dennoch gibt es viele Unterschiede.
Im Leben gibt es oft auch mal Abschiede.
Abschiede für immer schmerzen dann sehr.
Denn jeder Mensch will im Leben oft mehr.

86 Abschied

Wenn ein geliebter Mensch von uns geht,
ist es für Gespräche dann zu spät.
Drum sprecht täglich mit Euren Lieben.
So was lässt sich nicht lang aufschieben.

Nicht nur Familie ist betroffen.
Viele Fragen bleiben dann offen.
Tote leben in Gedanken.
Man hat Ihnen sehr viel zu danken.

Nahe Menschen bleiben im Umfeld.
Freunde gibt es auf der ganzen Welt.
Menschen sterben zu jeder Stunde.
Passt auf Euch auf und Eure Wunde.

Am Friedhof nützen Blumen wenig.
Im Leben spürt man Gutes ewig.
Liebe ist viel besser als der Streit.
Seid stets zur Vergebung dann bereit.

Mitmenschen sind zu akzeptieren.
Man kann sie nicht nur ignorieren.
Seid lieb zueinander im Leben.
Dann habt ihr auch täglich den Segen.

87 Aufpassen

Wer ist schon mal die Treppe runtergepurzelt?
Ich habe dabei Zähne gekürzt, nicht
entwurzelt.
Im Leben gibt es Aufgaben und Zahnlücke.
Herausforderungen haben täglich Tücke.

Beim Treppensteigen brauche ich auch beide
Lungen.
Ich schreibe Mails und rede mit Engelszungen.
Juckreiz habe ich selten vom Sonnenbrand.
Allergien und Juckreiz sind allerhand.

Nachts gibt es hier viele Sterne am
Himmelszelt. Die Stadt Fulda ist Sternenstadt
hier in der Welt. Auch der Mond ist mal am
Morgen ein Augenstern.
Der Mond beeinflusst an Stränden, Ebbe und
Flut.

Bei Fernreisen bekomme ich Inselkoller.
Vielleicht kaufe ich hier noch einen E-Roller.
Roller sind schnell und bekommen auch mal
Tempo,
mit Roller und Fahrrad fahr ich kaum zur
Demo.

88 Marmelade

Bitte steckt mich jetzt nicht in eine Schublade.
Koche auch selbst gemachte Marmelade.
Im Kühlschrank noch etwas von Erdbeeren
steht.
Es war übrig und ist im Teller, der geht.

Eingemacht ist vieles unten im Keller.
Für Mahlzeiten bringt man manches auf Teller.
Omas haben früher vieles selbst gemacht.
Es ist lecker gewesen, an sie gedacht.

Heute kauft man vieles dann im Supermarkt.
Nudeln sind früher selbst gemacht und
erstarkt.
Wie sind wir nur alle davon groß geworden?
Nudeln tanzen gerne zu den Akkorden.

Erdbeermarmelade ist gut geraten.
Ich esse gerne Käse mit Tomaten.
Für Lebensmittel kann man stets dankbar sein.
Mit Zauberhand kocht man und kauft Gutes
ein.

89 Haarspitzenfluid

Wo ist nur mein Haarspitzenfluid?
Bei Reisen nehme ich es gern mit.
Das Wetter zerzaust mal die Haare.
Ohne Fluid ists nicht das Wahre.

Es regnet leider viel jetzt zurzeit.
Die Haare werden weiter und breit.
Bei Fußballern ist gut die Frisur.
Sie spielen, wie machen sie das nur?

Mancher Fußballer hat auch Zöpfe.
Bis zum Gewinn rauchen die Köpfe.
Selbst Moderatoren haben ein Gel.
Sportlich sind sie wohl wie ein Segel.

Im Fernsehen sind viele Models.
Manche sind gekleidet in Zobels.
Fluid ist gut für die Frauenhaare.
Draußen ertönt eine Fanfare.

90 Momentum

Bei der EM benutzt man das Wort Momentum.
Viele Einwohner hier haben auch Eigentum.
Schöne Momente möchte man gern festhalten.
Bei Bilder und Videos muss man maßhalten.

Speicher, Akkus und Daten sind manchmal
teuer.
Webseiten, Apps, Handys wachsen ungeheuer.
Wer hilft, wenn da das Handy manchmal ist zu
laden?
Hilfe braucht man manchmal auch in Baden-
Baden.

Der Speicher bei I-Cloud bei Apple ist voll.
Auch Microsoft fragt, wohin mit Fotos, wie
toll?
Speicher, Akkus, Laptops, Handys kosten viel
Geld.
Momentum ist festzuhalten in dieser Welt.

91 Sonne am 09.07.2024

Die Sonne ist eine Kraftquelle.
Sie bildet Vitamin D sehr schnelle.
Sie hat ein Leuchten in dem Gesicht.
Die Sonne ist schön, auch im Gedicht.

Sonnenstrahlen tanzen im Licht.
Im Schatten sieht man sie eher nicht.
Die Sonne gibt Kraft und Energie.
Dazu ertönt eine Melodie.

Im Sonnenschein gehen Schmerzen weg.
Die Sonne erfüllt täglich den Zweck.
Sommer ist die beste Jahreszeit.
Man fühlt sich lebendig, weit und breit.

92 Hausmusik

Seht ihn an den Blechblasinstrumentenbauer.
Ist es nicht schön, wie er bläst da an der
Mauer?
Dazu singt der Großpapa mit Heldentenor.
Ich glaube, ich habe schon wieder einen Floh
im Ohr.

Die Ahnentafel zeigt Hausmusik ist Tradition.
Wir haben Auftritte mit Organisation.
Manchmal bekommen wir teure Geschenke.
Ich hol die Pralinenschachtel aus der Senke.

Tante liegt am Sofa mit einem Hexenstich.
Sie wollte ausgehen und sagt jetzt: ärgerlich.
Nun vergnügen wir uns heute mit Pralinen.
Schmetterlinge flattern durch die Luft und
Bienen.

Mutter sitzt am Harmonium und singt Lieder.
Das macht sie selbstverständlich in Alt immer
wieder.
Ich hole die Blockflöte dann vor Weihnachten.
Bei Familienfesten alle dann schmachten.

Als Teenager hab ich auch Gitarre gespielt.
Klassik und Beatles, wie hab ich damals
gefühlt.
Dann habe ich Musik von Schallplatten gehört.
Herbert Grönemeyer singt besser, unerhört.

Zu Gröni sind wir dann zur Demo gefahren,
um zu protestieren bei Bayern unklaren.
Burglengenfeld und München waren Ziele.
Bei Freddy und Queen gibt es auch Gefühle.

93 Notrufnummer 116 117

Bei der Notrufnummer ist nur Band.
Am Wochenende hab ich erkannt.
Wohin kann ich dann kommen, wohin?
Nummern ohne Namen, wo Sinn?

Was macht man am Wochenende hier?
Hier leben Menschen und auch Getier.
Eine Zecke hat mich getroffen.
Die Heilung ist gut, Ende offen.

Ich muss wieder in den Garten gehen.
Kleine Zecken kann ich kaum sehen.
Zeckenspray gekauft für nächste Zeit.
Mit Zeckenspray bin ich nun bereit.

In der Waschmaschine sind sie dann.
Sie überleben im Schleudergang.
Nur Abkochen dann bei Zecken.
Die Kleidung eignet sich nicht dafür.

94 Kleine Überraschungen – Zeckengefahr

Die Wunde befindet sich in Heilung.
Sende nur Gedicht als neue Teilung.
Zecken haben ja mehrere Beine.
Wer fährt mich dann, wenn ich da alleine?

Im Garten hat es da nun gewuchert.
Wo ist sie gewesen, grasumwuchert?
Das Pflaster ist schon schwer zu entfernen.
Vorsichtiger Umgang ist zu erlernen.

Heute Nacht ist draußen Sturm gewesen.
Man hat es in Nachrichten gelesen.
So viel Sicherheit kann man kaum haben.
Das Fahrrad ist da auch nicht geladen.

An der Notrufnummer hört man nur Band.
Hier geht es nicht, das ist ja allerhand.
Notdienst ist dann in der Stadt Lauterbach,
wenn man im Vogelsbergkreis wohnt, oh wach.

Die Wege sind weit im Vogelsbergkreis.
Strecken sind zu fahren, wie man hier weiß.
Am Wochenende ist man vorsichtig.
Fernsehen ist auch gebührenpflichtig.

Für Reisen bracht man ein Auto und Geld.
Wer gesund ist, reist gerne in die Welt.
Woanders fahren mehr Busse am Ort.
Meine Gedanken reisen oft mal fort.

95 Osthessen

In Osthessen gibt es viele Namen.
Die Heimat ist manchmal zu umarmen.
Die größte Stadt hier ist die Stadt Fulda.
Als Werbegag gibt es dann die Hulda.

Viele Läden gibt es in Petersberg.
Man kauft dort zum Beispiel ein Gartenzwerg.
Nahe bei Fulda liegt dort auch Künzell.
Frauen sind auch schön wie die Isabell.

Wen gibt es dann zu nennen in Schlitz?
Ich glaube, dazu passt am besten Fritz.
Kreisstadt im Vogelsberg ist Lauterbach.
Gibt es da Leute, die da spielen Schach?

Kalt ist es zum Beispiel in Ulrichstein.
Das wissen Adelheid und auch der Hein.
Im Vogelsberg liegt auch die Stadt Schotten.
Gibt es da etwa sehr viele Motten?

Am Rand vom Vogelsberg ist auch Mücke.
Hier gibt es vor allem große Stücke.
Große Klinik gibt es in Grebenhain.
Varizen kann man ändern in sehr fein.

Den Faschingsumzug gibt es in Herbstein.
Hier kann es auch mal kalt im Winter sein.
An der Autobahn liegt die Stadt Alsfeld.
Fährt man weiter, kommt man nach Bad
Hersfeld.

In Osthessen liegt auch die Stadt Bebra.
Radwege gibt es, glaube ich, auch da.
Nahe bei Fulda liegt auch Eichenzell.
Dort arbeiten viele wie Annabell.

An B27 ist Hünfeld.
In der Nähe gibt es auch Eiterfeld.
Osthessen liegt im Osten von Hessen.
Das Brot ist gut, hier kann man gut essen.

Osthessen ist eine gute Gegend.
Die Sprache Dialekt ist anregend.
Jedes Dorf spricht hier ein anderes Platt.
Im Winter sind die Straßen auch oft glatt.

Osthessen lachen gerne mit Humor.
Jeden Tag ist es besser als zuvor.
Vieles ist mit Freude aufzubauen.
Gäste kommen zu Besuch und schauen.

Eine Kirche steht hier in jedem Dorf.
Blumen werden gesetzt mit gutem Torf.
Die Rhön und der Vogelsberg sind Berge.
In Lauterbach gibt es Gartenzwerge.

Viele Einwohner/-innen gibt es nicht.
In Großenlüder sparen sie am Licht.
Nach Bad Salzschlirf kommen auch Kurgäste.
Jedes Dorf feiert hier Feuerwehrfeste.

Hotels und Restaurants gibt es auch hier.
Das Essen schmeckt gut, man trinkt hier auch
Bier.
In kleinen Dörfern gibt es Rezepte,
die sind besser wie manche Konzepte.

Mit Kreativität erreicht man viel.
Wer ein Auto hat, ist hier auch mobil.
Auch hier gibt es durch das Klima Schäden.
Man bekommt nur nicht alles in Läden.

Im Internet kann man das bestellen.
Lieferwagen fahren zu den Stellen.
Glasfaser wird jetzt gerade verlegt.
Jeden Tag gibt es Neues, was bewegt.

96 Welttag des Buches

Welches Buch lest Ihr denn gerade?
Es gibt eine große Parade.
Denn Bücher vermitteln viel Wissen.
Manchmal liegen sie unterm Kissen.

Oder habt Ihr im Moment viel Zeit?
Das Wissen gibt es auch online weit.
Bücher sind offline oft gewesen.
In der Bücherei kann man lesen.

Bücher haben Seiten und Haptik.
Ein Buch ist so gut wie die Taktik.
Schulbücher sind neu einzupacken.
Manche haben Bücher in Jacken.

Ein Lob auf den Welttag des Buches.
Google ist ein Werkzeug des Suchens.
Jeden Tag gibt es neue Bücher
und sie entrollen sich wie Tücher.

Bücher sind manchmal noch analog.
Über Bücher gibt es auch Dialog.
Vorlesen ist gut für die Kinder.
Ein Ratsuchender wird zum Finder.

97 Kinder sind ein hohes Gut

Welcher Mann gibt seinen Kindern wenig?
Der erstgeborene Sohn ist König.
Geschwister sind natürlich essenziell.
Denn es gibt viel zu tun und das auch schnell.

Eine Tochter ist auch ein großer Schatz.
Die Parität hat hier schon lange Platz.
Töchter rufen öfter zu Hause an.
Gespräche sind gut für Frau oder Mann.

Kinder helfen auch mal bei der Arbeit.
Erwachsene sind auch Kinder und breit.
Senioren sind Kindern dann ähnlich.
Hoffentlich sind sie im Alter fröhlich.

Mütter geben gerne was den Kindern.
Das ist überall so auch bei Indern.
Die Evolution bestimmt die Gene,
Muskeln, Knochen und in jeder Sehne.

Kinder wollen schnell selbstständig werden.
Sie wachsen schnell und sind gut auf Erden.
Mit Kindern hat man auch sehr viel Wäsche.
Sie brauchen T-Shirts und auch Bettwäsche.

98 Morgens schon froh

In der Mitte der Nacht beginnt ein neuer Tag.
Schlafen ist nachts sehr gut, bin froh, dass ich
ihn mag.
Morgens im Sommer sind die Tage sehr, sehr
hell.
Dankbar sein, dass man laufen kann, ist man
da schnell.

Es gibt Leute, die brauchen Stöcke und
Rollstuhl.
Patienten denken nach und erhalten Modul
Walking-Stöcke sind sportlich und gutes
Niveau.
Anziehen muss man auch was, vielleicht ein
Trikot?

Mit zwei Stöcken hat man Halt und etwas Kraft.
Morgens denkt man, dass man am Tag auch was gut schafft.
Dankbar sein ist eine gute Herzensquelle.
Aufpassen ist was für Intellektuelle.

Man will Angehörige nicht kontrollieren.
Gespräche sind gut, man will ja inspirieren.
Paare haben es gut, sie haben einander.
Aufzuräumen ist viel, draußen blüht Oleander.

99 Wasser

Wasser ist essenziell und lebensnotwendig.
Wasser hält das Leben auf der Welt lebendig.
Wasser ist H_2O und ein guter Dipol.
Meerwasser wird teuer bezahlt als Ruhepol.

100 Liebe ist...

Liebe ist aus vollem Herzen zu begehren.
Liebe ist die Welt und die Natur gut zu ehren.
Liebe ist Mut und Leidenschaft beim Arbeiten.
Liebe ist Nachdenken und Vergeben in Zeiten.

Liebe ist jeden Tag wieder neu aufstehen.
Liebe ist nahe Menschen zu verstehen.
Liebe sind Träume und Nächte mit guten
Ideen.
Liebe sind Freuden und Hobbys gut zu teilen.

Liebe sind Lieder und Gedichte, die stimmen.
Liebe sind Missverständnisse, dann nicht
ergrimmen.
Liebe sind Spiele und Puzzles auszuteilen.
Liebe sind Maskeraden und gute Feilen.

101 3nach9 mit guten Gästen (Anne Will)

Schön, wenn man ein Glückskind ist und redet.
In 3 nach 9 hat sie viel beredet.
Die Uhrzeit am Freitag ist schon sehr spät.
Schön, wenn man schlafen kann und es auch
geht.

102 Störche

Meine Oma sagte zu mir mal horch,
die kleinen Kinder kommen von dem Storch.
Die Störche waren damals auch nicht hier.
Sie waren aus dem Bilderbuch ein Tier.

Nun sind sie bei uns seit ein paar Jahren.
Jedes Jahr kommen sie jetzt in Scharen.
Die Kommunen haben Nester gebaut.
Für jedes Storchenpaar, das aus ihm schaut.

Man kann sie sehen in den Wiesen nah.
Störche bekommen auch Kleine, na klar.
Doch die Babys sind nicht im Storchennest.
Das sind Jungstörche, die feiern ein Fest.

Anscheinend gibt es hier sehr viel Futter.
Störche machen Mädchen nicht zur Mutter.
Frösche können jetzt mehr Angst hier haben.
Storchfamilien tun sich dran laben.

Die Story mit Storch ist nun widerlegt.
Sie haben junge Paare kaum bewegt.
Die Demografie zeigt hier eindeutig,
das Märchen von Störchen ist zweideutig.

103 Rosengarten

In Baden-Baden gibt es einen Rosengarten.

Mit was für einem Foto werde ich heute starten?

Hier gibt es viele schöne Gänge mit Rosenbildern.

Jede Rose und die Prämierten haben hier Schilder.

Jedes Jahr komm ich wieder, die Rosen zu sehen.

Der Garten ist wunderschön und es lohnt sich zu gehen.

Ein großer Dank an die vielen Rosenmitarbeiter.

Der Besuch ist jedes Jahr obligatorisch und heiter.

Die Rosen sind in jedem Garten
Bereicherungen.

Auf den Fotos sind es sehr schöne
Erinnerungen.

Die Gattung Rosen umfasst
zweihundertfünfzig Arten.

Jedes Jahr gibt es neue hier im schönen
Rosengarten.

104 Überschwemmungen

Heute braucht man sich nicht sputen.
Denn diese Regenmassen fluten.
Ein kleiner Fluss wird sehr groß.
Und der Wettergott ist der Boss.
(In Baden-Baden heißt der Fluss Oos.)

Das Saarland (und das Rheinland) fleht,
dass es nicht lange weiter geht.
Die Einwohner sind betroffen.
Evakuierungen offen.

Morgen soll die Sonne scheinen.
Denn das Wetter ist zum Weinen.
Bitte esst alles, was am Tisch
und seid da nicht dilettantisch.

Denkt an Rudi Carell mit Lied,
weil man das heute (17.05.2024) auch so sieht.
Fragen über Fragen im Kopf.
Wer schließt den Wasserhahn mit Tropf?

105 Energiekraftwerke

Meine Nachbarn haben jetzt ein
Balkonkraftwerk.
Herr Loriot fragt mal, wie ist ein
Atomkraftwerk?
Da muss man nachher noch Brennstäbe
entsorgen.
Unangenehmes verschiebt man gern auf
Morgen.

Strom kommt aus der Steckdose, wo ist W-
LAN?
Das Handy braucht heute Akku und auch
Empfang.
Früher hat die Mühle an der Fulda Strom
gebracht.
Man hatte mal Strom und Stromausfall mit
Verdacht.

Für ein Dörfchen wie Hemmen hat der Strom
da gereicht.
Heute sind Strukturen anders und Strom wird
geeicht.
Jetzt stehen hier auch Windmühlen mit den
Flügeln.
Selbst der Ex-Bürgermeister kann sich nicht
zügeln.

In Baden-Württemberg haben sie für Strom
den Rhein.
Da müssen es die vielen Windmühlen nicht
sein.
Auch der Bodensee bietet sich mit Quellen
rasch an.
Da sind auch sehr viele Städte und Bürger
dran.

In Iffezheim und Frankreich ist der Rhein
geteilt.
Da sieht man Kraftwerke, dass man staunt und
es teilt.
Völkerverständigung klappt mit guten
Partnern.
So gelingt es auch mit Kooperationspartnern.

Wasserkraft ist sanft, schnell und sehr effizient.
Wenn Regen was zerstört, bin ich auch Patient.
Wasser hat im Fluss den höchsten
Wirkungsgrad.
Sommerreifen greifen kaum höchstens Allrad.

(Das bietet natürlich Diskussionsstoff.)

106 Bienenhonig

Die Biene ist sehr fleißig in der Tracht.
Wo sie so 'rumfliegt und was sie so macht.
Im April bleibt sie dann manchmal auch zu
Hause.
Es ist dann zu kalt und sie macht Pause.

Sonst ist sie ständig am Machen und Tun.
Von morgens bis abends kann sie kaum ruhn.
Imker sammeln Honig von den Bienen.
Den Pflanzen sie als Bestäuber dienen.

Bienenhonig ist süß und wunderbar.
Er weckt Kräfte und heilt auch offenbar.
Hoffentlich gibt es dies' Jahr wieder Obst.
Denk an die Früchte, wenn Du Bienen lobst.

Honig ist ein himmlisches Lebensmittel.
Er ist für Zucker ein Ersatzmittel.
Honig schleudert man in Zentrifugen.
Wer weiß, wie viele Bienen ihn trugen.

Schon seit der Steinzeit nutzen wir Honig.
Honig ist strukturell mehratomig.
Honig enthält auch Oxidantien.
Er ist wertvoll in allen Kriterien.

Honig süßt den Tee und schmeckt auf dem
Brot.
Mit Honig habe ich vieles im Boot.
Die Saison für Honig ist Weihnachten.
In Plätzchen lässt sich das begutachten.

107 Pudel-Gaststätten

Früher haben manche hier gerne gekegelt.
Zum Wochenende ist dann schnell was
geregelt.
Schnell ist früher was organisiert gewesen?
Man stand in der Gaststätte oder am Tresen.

Welche Kegelbahn haben wir hier jetzt
gebucht?
Man hat was gegessen, getrunken und gesucht.
Die Kegelbahnen sind auch da gefragt worden.
Schnell ist beim Kegelspiel ein Pudel
geworfen.

Männer haben beispielsweise mehr getroffen.
Wie Frauen spielen, das ist locker und offen.
Die Spiele haben dann alle auch begeistert.
Pudelkönig/-in und Meister sind gemeistert.

Tannenbaum oder wie hießen denn die Spiele?
Freundeskreise sind verändert wie auch Ziele.
Nostalgie sind Kegelspiele und auch -bahnen.
Gaststätten sind teils zu haben neue Namen.

Die Akropolis hat jetzt hier die Kegelbahn.
In Griechenland war ich noch nicht mit
Sesselbahn.
Die Räume im Restaurant sind renoviert.
Gegessen hab ich da und Tisch reserviert.

108 Feierabend

Abends lässt man den Tag ausklingen.
Im Radio Popstars dann singen.
Es wird erzählt, was so geschehen
in der Schule oder in Ehen.

Freunde/-innen sind gerne gesehen.
Manchmal ist der Rasen zu mähen.
Zusammen macht vieles dann mehr Spaß.
Man isst was oder trinkt aus dem Glas.

Gute Pläne werden geschmiedet,
bevor man sich dann verabschiedet.
Im Gespräch ist man mal nett, kokett.
Manche gehen auch zu zweit ins Bett.

Kinder sind groß und schon aus dem Haus.
Dennoch sind sie dann nicht ganz heraus.
Willkommen ist vieles im Leben.
Lasst uns miteinander erleben.

109 Marketingnamen

Name vom Käse ist Gipfel vom Genuss.
Gut verpackt in Goldpapier ist da die Nuss.
Das Shampoo in der Dusche heißt Fresh it up.
Englische Vokabeln sind dann in Words up.

Das Marketing für vieles muss auch stimmen.
Genial daneben singt Frau von Sinnen.
Manche Menschen werden auch gleich
eingestellt.
Wenn die Chemie stimmt, dann passt es, wie
bestellt.

110 Insekten, Fliegen, Bienen

Auch Insekten und Fliegen musizieren.
Man hört sie laut und kann nicht ignorieren.
Ich mache Ihnen manchmal das Fenster auf.
Sie fliegen schnell und haben kurzen
Lebenslauf.

Wespen und Bienen verirren sich mal auch.
Sie wollen essen und fliegen für den Bauch.
Bienen produzieren leckeren Honig.
Doch hier in einem kleinen Haus wohn ich.

Honig ist für viele Krankheiten ein Traum.
Was er alles kann, viele glauben es kaum.
Wildbienen und Hummeln tummeln sich draußen.
Manchmal sieht man schlecht, innen oder außen?

An der Fensterscheibe sind kleine Punkte.
Die Hilfe kommt heute nicht, wie ich funkte.
Insekten lassen sich vieles gut schmecken.
Sie hinterlassen auch Punkte an Ecken.

Fruchtfliegen vermehren sich in der Küche.
Wo sind gute Tipps? Ich höre nur Sprüche.
Schnaken hinterlassen Blutflecken an der Wand.
Jetzt habe ich auch noch Stiche an der Hand.

Eine Miete im Zimmer lehne ich ab.
Ich wohn auch hier, bin allergisch, nicht so knapp.
Wer das Fenster lüftet, muss sie raushalten.
Oder Fliegengitter ans Fenster halten.

111 Das kreative Chaos

Weißt Du, wie die Zellen in Dir arbeiten?
Wie sie täglich die Nahrung weiterleiten?
Das macht klick und das macht klack.
Die Zellen sind echt auf Zack.

Zum Frühstück trinkst Du Kaffee und isst
Brot.
Das hilft erst mal für den Hunger und die Not.
Das macht klick und das macht klack.
Die Zellen sind echt auf Zack.

Zwischendurch trinkst Du etwas Wasser und
lachst, bevor Du Dich ans Kochen vom Essen
machst. Das macht klick und das macht klack.
Die Zellen sind echt auf Zack.

Das Mittagessen ist vielfältig und gut.
Du isst und trinkst Reibekuchen und Ragout.
Das macht klick und das macht klack.
Die Zellen sind echt auf Zack.

Zum Nachtisch gibt es Joghurt und Obstsalat.
Dann bist Du gestärkt und hast alles parat.
Das macht klick und das macht klack.
Die Zellen sind echt auf Zack.

Satt, denkst Du, was kann ich morgen nur
essen?
Die Abwechslung ist da, lass Dich nicht
stressen.
Das macht klick und das macht klack.
Die Zellen sind echt auf Zack.

Nach etwas Pause isst Du dann einen Snack.
Gut, dass Du da noch was hast in Deinem
Versteck.
Das macht klick und das macht klack.
Die Zellen sind echt auf Zack.

Die Verdauung klappt wunderbar dann am Klo.
Das macht bei kleinen Kindern auch Eltern
froh.
Das macht klick und das macht klack.
Die Zellen sind echt auf Zack.

Zum Abendessen muss es auch noch was sein.
Zusammen schmeckt es besser als wie allein.
Das macht klick und das macht klack.
Die Zellen sind echt auf Zack.

Das Leben dreht sich um Essen und Trinken,
auch wenn die Ausscheidungen dann mal
stinken.
Das macht klick und das macht klack.
Die Zellen sind echt auf Zack.

Durch das Essen können wir auch gut leben.
Darauf lasst uns zum Abschluss einen heben.
Das macht klick und das macht klack.
Die Zellen sind echt auf Zack.

Schaut Euch die Zellen an in Biologie.
Sie sind ein Wunder in der Analogie.
Sie machen klick und dann auch klack.
Die Zellen sind echt auf Zack.

Das Loblied auf Zellen endet hier und jetzt.
Lasst sie machen, sonst fühlen sie sich gehetzt.
Das kreative Chaos ist stets bereit.
Es hilft Menschen durch den Raum und durch
die Zeit.

112 Millenial

Das Internet ist ein großer Segen.
Ab und zu kann man sich auch mal regen.
Der Papst hat was nun heiliggesprochen.
Man kann was googeln, wenn was zerbrochen.

Andere suchen nach den Symptomen.
Auch Tipps können sich da manchmal lohnen.
Was ist, wenn am Wochenende was ist?
Was ist, wenn Du völlig alleine bist?

Telefonnummern sind da zu finden.
Viele Seiten wollen Zeiten schinden.
Kurse und Weiterbildungen sind da.
Internet bringt Kunst und Musik ja.

113 Zurück vom Urlaub

Der Strom fehlt in der Straße, wo ist Phase?
Welches Kabel hat es erwischt, gibt es
„nischt"?
Welches Kabel hat hier noch viel Strom?
Oder fahre ich jetzt gleich nach Rom.

Hat etwa ein Blitz eingeschlagen?
Da gibt es schon sehr viele Fragen.
Agiere als Hygienefachkraft
und kaufe noch mal den Erdbeersaft.
Es gibt draußen da Reflexionen (und
Reflektionen).
Oder sind das die Blitzerzonen?
Heute ist schon der Siebenschläfer.
Am Ast da sitzen kleine Käfer.
Seit wann macht das Wetter hier so was?
Es soll sonnig sein und ist doch nass.
Manche haben schon Heu hier gemäht.
Man sieht es an und denkt, wie es geht?

114 Die Wäsche

Man kann doch nicht ständig Neues kaufen.
Von einem Geschäft zum anderen laufen.
Webseiten zeigen da auch Angebote.
Auch Waschmittel geben eine Duftnote.

Die Wäsche hat auch Kontaminationen.
Sind da etwa Löcher in Komfortzonen?
Wer näht die Löcher in der Wäsche dann zu?
Gibt es farblich da eine Rolle dazu?

Wer oftmals friert, braucht viele
Kleidungsstücke.
Ist denn im Kleiderschrank noch eine Lücke?
Oder kann was in den Kleidersack herein?
Mit Secondhand kann man auch mal glücklich
sein.

Die Wäsche hängt sich nicht von alleine auf.
Kleidungsstücke sind auf Seilen im Verlauf.
Vor der Trommel ist es da noch fleckig.
Ist auch alles sauber, was da war dreckig?

Die Waschmaschine hat keinen Sortiergang.
Da müssen noch Menschenhände mit entlang.
Auch beim Bügeln oder Zusammenlegen
ist die viele Wäsche dann auch zu pflegen.

115 Sieben Tage

Eine Woche hat sieben lange Tage.
Schön sind sieben Tage ohne Klage.
Im Krankenhaus ist die Woche sehr lang.
Ärzte geben morgens einen Empfang.

Wie kann man denn das alles aushalten?
Krankenschwestern und Büros verwalten.
Chronische Schmerzen bleiben im Leben.
Erinnerungen unangenehm eben.

Ein Krankenhaus ist nur von außen schön.
Kopfschmerzen sind manchmal wie
Dauerföhn.
Man lebt weiter mit den Diagnosen.
Blutkonserven sind in manchen Dosen.

Mehrfache Traumata sind vorhanden.
Man will nicht wieder in dem Haus landen.
Bei Unfällen hilft auch Intubation.
Künstliche Ernährung ist die Option.

Unfallpatienten leben dann weiter.
Gut gemacht, sagt der Abteilungsleiter.
Was ist mit Nachsorge und Rehas dann?
Das werden sie schon merken irgendwann.

Der Unfall ist nicht Absicht gewesen.
So was passiert auch zweimal im Leben.
Psychisch sind die Schäden gleich erkennbar.
Arztbesuche zigfach und auch nennbar.

Ich möchte mich verlassen können und nicht verlassen sein.
Ich möchte auch mal gut leben können und nicht abhängig sein.
Sachen und Dinge gehen kaputt, sind zu reparieren.
Freundlich sein ist besser als kaputt, möchte funktionieren.

Leider bin ich sehr schwach und behindert, wo sind Partner, Kinder?
Ich bin im Alter einer Oma, möchte es nicht minder.

116 Bauernwahrheit

In Kleinigkeiten bin ich großzügig.

Rechnungen sind da nicht geringfügig.

Bauern kochen etwas mehr für den Gast,

Ehefrauen fallen manchmal zur Last.

Wer rechnet das später in den Renten?

Bauern wollen auch noch Dividenden.

Das Wetter ist schlecht voraus zu rechnen.

Fehlurteile sind noch zu erwähnen.

Männer bekommen leider eher Recht.

Das ist für manche Ehefrau dann schlecht.

Der Betrug ist nicht leicht aufzuspüren.

Wer draußen ist, öffnet nicht die Türen.

117 Was ist denn hier noch romantisch?
Zumutungen im Leben

Was ist denn hier noch romantisch bei dem
Regen?
Unkraut und Nacktschnecken kommen
entgegen.
Man muss mal dringend zu einer Friseuse.
Zum Kochen wenig Zeit, dann
Heißluftfritteuse.

Wenn keiner zum Essen kommt, kann ich
lumpen.
Dann setzt Euch nur woanders hin mit
Humpen.
Wo sind noch Kinder, die aufs Christkind
warten?
Sie sind nicht brav und helfen nicht im Garten.

Wo ist die Religion oder wo die Ethik?
Es geht doch noch nur um Gesinnungsethik.
Jeder will es bequem haben und ruhig.
Doch vor dem Tod ist das Leben unruhig.

Die Mitmenschen sind stets vielmals zu ehren.
Nur wer freundlich ist, kann Wohlstand
begehren.
Seid in der Familie wieder romantisch.
Man denkt groß und nicht klein und
dilettantisch.

In Frankreich gibt es Eröffnung und das bei
Regen.
Hier muss man sich bei Zumutungen selbst
regen.
Zumutungen sind hier stets vorhanden.
Es trifft nicht nur Freunde, auch mal
Verwandte.

Zu Hause braucht man schon 'ne Apotheke.
Es geht viel über eine Ladentheke.
Umleitungen sind strukturell ein Skandal.
Hier überlebt man und hat kaum eine Wahl.

118 Kopfweh

Bei Kopfweh soll man schlafen.
Ruhe ist gut im Hafen.
Die Augen sind kaum noch wach.
Wer legt die Wäsche ins Fach?

Bei Kopfweh soll man trinken.
Steh auf und kann nur hinken.
Manchmal ist mir auch schwindlig.
Nicht langsam auch mal eilig.

Kopfweh kommt auch von Narben.
Stärke misst man in Farben.
Neurologen wissen das.
Sie erzählen dies und das.

Die UKH ignoriert.
Fachleute sind irritiert.
Vieles ist von allein klar.
Fehler sind im Formular.

Behörden sind kleinlich.
Das ist manchmal peinlich.
Man muss wiederholen.
Ist das Zurückholen?

119 Beauty-Queen

Sandra Bullock ist 60 Jahre ohne Falten.
Wie kann man sich die Schönheit so lange
erhalten?
Das geht doch nur mit Botox und einigen
Salben.
Was zwitschern ihr Beauty-Mitarbeiter und
Schwalben?

Wasser ist gut für die Gesundheit und die
Schönheit.
Alkohol führt dagegen in die Abhängigkeit.
Zigaretten sind schlecht für die Haut und die
Poren.
Wer schon geraucht hat, hat schon mal schnell
abgeschworen.

Sie hat die Liebe ihres Lebens jetzt verloren.
Liebe ist nicht nur zu ersetzen mit Vibratoren.
Sandra Bullock hat wohl jeden Tag Angebote.
Deswegen verhängt nicht zu früh diese
Verbote.

Jede Frau will im Leben sein, diese Beauty-Queen.
Dabei hat man die Frische und Schönheit nur als Teen.
So viel Schminke kann nicht verdecken, diese Falten.
Auch Narben sind nicht wie Tattoos leicht zu verwalten.

Lady Gaga bekommt auch im Voraus Zusagen.
Erst wenn man vorbereitet ist, kann man Schritte wagen.
Wo gibt es einen Mann, der sich so lange versteckt?
Einladungen sind sehr höflich und dann auch korrekt.

120 Besuch im Burgmuseum

Heute sind wir auf Besuch im Museum.
Es ist in den Burgen, nicht im Kolloseum.
Man geht dafür dann alte Holztreppen rauf.
Da ist eine Ausstellung, die hat Zulauf.

Fritz Döring ist hier ein Maler gewesen.
Man kann es im Lebenslauf bei ihm lesen.
Er hat sehr schöne Zeichnungen gefertigt.
Alle Malereien sind handgefertigt.

Im Museum sieht man auch alte Trachten.
Man steht davor und kann Gutes beachten.
Früher haben hier viele Künstler gelebt.
Sie haben die Grafen von Schlitz hier erlebt.

In Schloss Hallenburg war eine Tapete.
Die kam aus China, wohl dann mit Paketen.
Fritz Wepper hat Angela von Görtz erhört.
Sie haben sich die Ehe hierbei beschwört.

Im Museum gibt es sonst alte Sachen.
Man kann viele Geschichten daraus machen.
Jeder Mann oder Frau hat hier die Ahnen.
Was wahr oder falsch ist, kann man erahnen.

121 Teich

Das Leben hier unten am Teich
ist vielfältig und unheimlich reich.
Tagsüber fliegen Libellen.
Es sind am Teich hier die Schnellen.

Im Teich schwimmen die Forellen.
Das Wasser hat auch Eizellen.
Fische füttern ist verboten.
Das zeigen Schilder als Boten.

Die Seerosen blühen in Pracht.
Seid behutsam und gebt auch acht.
Die Schwäne schwimmen auch in Schlitz.
Leute kommen wie Klaus und Fritz.

Schwäne schwimmen auch mal im Fluss.
Das ist für sie dann auch Genuss.
An der Schlitz liegt auch das Freibad.
Schlitz ist leider noch nicht Heilbad.

Nicht weit davon stehen Camper.
Nach Schlitz kommen auch die Tramper.
Die Enten schwimmen auch am Teich.
Die Federn der Kleinen sind noch weich.

Nachts leuchten da die Glühwürmchen.
Leute hören da Ohrwürmchen.
Es steht da jetzt ein guter Sitz.
Das alles gibt es hier in Schlitz.

122 Olympia in Frankreich

Olympia ist dieses Jahr in Frankreich.
Die Sportler/-innen sind geschmückt, sehr
reich. Die Eröffnung findet an der Seine statt.
Lady Gaga singt in Paris der Hauptstadt.

Snoop Dog hat das Feuer noch getragen.
Die Security hat hohe Auflagen.
Trotzdem kam es zum Brand an den Zügen.
Touristen müssen sich Plänen fügen.

Zweihundertvier Nationen nehmen teil.
Die Eröffnung an der Seine hat schon Style.
Am Anfang werden Fahnen geschwungen.
Töne vom Can-Can sind dann erklungen.

Notre Dame wird noch mal im Bau gezeigt.
Von den Fenstern wird von vielen was gegeigt.
Medaillen sind schon alle gegossen.
Tänzer sind an der Seine angeschlossen.

Die Spiele dauern bis elften August.
Medaillen tragen welche auf der Brust.
Paris zeigt sich von der schönsten Seite.
Wo es Gewinner gibt, gibt es Zweite.

123 Katzen

Katzen bereichern das Internet.
Sie sehen gut aus im Kabarett.
Katzen haben als Tiere neun Leben,
wobei sie täglich nach mehr streben.

Sie schnurren sanft um die Beine 'rum
und lieben das mittlere Zentrum.
Erst wenn sich alles um Katzen dreht,
weiß die Welt, woher der Wind sich dreht.

124 Butter bei die Fische

Fische schwimmen im Fluss oder im Meer.
Sie sind schon gebadet und wollen mehr.
Fische sind eiweißreich und auch wertvoll.
Mit Butter und Zitrone sind sie toll.

Viele Fische kenne ich nicht, weiß ich.
In Kroatien sind sie auch geschmacklich.
Barsche und Forellen gibt es auch hier.
Zu guter Ernährung rate ich Dir.

125 Das königliche Gemüse

Das königliche Gemüse ist Spargel.
Hier regnet es oft anderswo Hagel.
Spargel wächst gut im sonnigen Baden.
Eine Straße ist auch gut wie Pfaden.

Bei Iffezheim ist eine der Straßen.
Nahe bei Frankreich, man kann's kaum fassen.
Es gibt auch unterschiedliche Beeren.
Morgen ist der Fruit day (stets am 1. Juli) hier
zu Ehren.

Spargel lässt sich gut mit Sauce binden.
Andere essen dazu auch Schinken.
Der Johannistag beendet Saison.
Das Gemüse hat eine Liaison.

126 SWR3

Vielen Dank an SWR3, die mir schon oft Wege
gezeigt haben.
Durch Qualität habt Ihr die vielen Zuhörer/-
innen und Gaben.
Natürlich gibt es auch anderes, was gut ist bei
Moderatoren.
Die Welt hört Euch täglich zu und es gibt gute
Multiplikatoren.

127 Löwenzahn

Siehst Du den Löwenzahn am Hügel?
Der Löwenzahn hat viele Flügel.
Er fliegt damit in die Welt hinaus.
Gärtner rupfen ihn als Unkraut aus.

Löwenzahn fliegt mal langsam mal schnell.
Die Schirmchen vom Löwenzahn sind hell.
Er wächst oft hier auch in den Gruppen.
Mit Zahnbürste brauchst Du ihn nicht
schrubben.

Der Löwenzahn hat tiefe Wurzeln.
Er ist manchmal zäh zu entwurzeln.
Bienen schmeckt manchmal auch der Nektar.
Auf der grünen Wiese ist er ein Star.

128 Physalis

Physalis heißt eine Andenbeere.
Manche sagen auch Kapstachelbeere.
Sie wächst draußen im Kübel sehr sonnig.
Ihre Früchte werden orange und wonnig.

Beeren schmecken Kleinen und den Großen.
Im Sommer trägt man Röcke und Hosen.
An der Pflanze sind Blüten und Früchte.
Jedes Jahr gibt es neue Sehnsüchte.

129 Verloren - gefunden

Viele haben in Schubladen viel drin.
Viel zu haben, macht hier auch oftmals Sinn.
Doch, wenn es einmal woanders eingeräumt,
man das Aufschreiben darüber versäumt.

Das meiste, was gut ist, weiß man intuitiv.
Manchmal ist man auch einfach proaktiv.
Die Schmetterlinge sah ich schon fliegen.
Wann kommt das Gute zurück zum Siegen?

Tief Luftholen und einfach mal machen.
Es gibt so viel, was hier ist zum Lachen.
Es regnet oftmals am Wochenende.
Fahrradfahren ist eine Legende.

130 Ferien, Ausflug in Gedanken

Ein Ausflug in Gedanken ist super.
Es gibt Dosen, die sind hier von Tupper.
Im Urlaub auf Malta gibt es Strandgut.
Einwohner da essen in Demut.

Unter dem Schirm ist ein Schattenplatz.
Dort sitzt unter anderem ein Spatz.
Mit Umsicht lässt sich vieles regeln.
Am Meer, gibt es Schiffe, die segeln.

Wir spielen noch weiter Gummitwist.
Mit viel Freude Du beweglich bist.
Dann essen wir mit viel Appetit.
Im Einkaufswagen liegt ein Hämatit.

131 Omas Küche

Meine Oma war sehr gut in der Küche.
In der Küche gibt es gute Sprüche.
Meine Oma hat stets offene Ohren.
Ich habe gelernt und ihr was geschworen.

Seid froh, dass ihr mehrere Omas gern habt.
Mit ihr habe ich eine Kindheit gehabt.
Bloatz und Klöße sind ihr stets gut gelungen.
Innereien mochte ich nicht und die Zungen.

Sie wusste, was ich gerne gegessen hab.
Sie war gut da und nicht von oben herab.
Oma Lieschen hat in Hemmen viel
durchgemacht.
Weihnachtsplätzchen hat sie ins Versteck
gebracht.

132 Mütter

Mütter sind vielmals die besten.
Sie kleiden sich gerne in Westen.
Mütter haben vieles in Taschen.
Für Babys gibt es die Flaschen.

Kinder sind auch zu erziehen.
Die Betten sind zu beziehen.
Im Haushalt gibt es viel zu tun.
Eine Mutter kann da kaum ruh'n.

Mütter sind alle zu ehren.
Sie essen auch gerne Beeren.
Die Kinder sind zu gebären.
Dann ist sehr vieles zu lehren.

133 Väter

Ein Vater hat auch viel Verantwortung.
Fragen brauchen eine Beantwortung.
Kinder haben viele Interessen.
Sie wandern gerne unter Zypressen.

Ein Vater hat auch Hobbys und Ämter.
Manchmal sind es auch nur Ehrenämter.
Die Erstausstattung ist zu besorgen.
Vielleicht kann man sich auch was dann
borgen.

Kinder sind eine Freude und Segen.
Kinder sind auch schnell, wenn sie sich
bewegen.
Jugendliche loszulassen tut weh.
Man sagt in der Pubertät dann ade.

Man ist so froh, wenn sie wieder kommen.
Wie sind sie gewachsen, wie besonnen?
Kinder hat man im ganzen Leben gern.
Leider sind sie dann später oftmals fern.

Ein Vater ist super und liebevoll.
Er wird bewundert und ist auch sinnvoll.
Schade, dass mein Vater gestorben ist.
Er war ein toller Vater, wie ihr wisst.

134 Olympia und Paralympics

Olympia ist durch Ringe verbunden.
Kontinente haben was gefunden.
Frieden und Sport zeigen Begeisterung.
Kulturelle finden die Betreuung.

Behinderte haben auch Olympia.
Mittel für Sport gibt es für viele ja.
Nur die Talentierten können siegen.
Frieden und Sport haben da Anliegen.

In der Gruppe hier gibt es auch Regeln.
Sport ist zum Beispiel rennen und segeln.
Dabei gibt es Erdanziehungskräfte.
Viele machen einfach nur Geschäfte.

Teilt die Friedensbotschaft weiter täglich.
Was ist in der weiten Welt vergeblich?
Viele wissen von der Friedenshoffnung.
Wer hat dazu eine gute Meinung?

135 Hürdenlauf

Wer läuft heute den Hürdenlauf?
Wer kommt drunter durch und wer auf?
Der Hürdenlauf ist hier mal durch.
Besser ist es rund in der Pfurch.
Das Herz, es bibbert dann auch mit.
Athleten sind eben auch fit.

136 Überweisungen

Überweisungen sind gerne gesehen,
ob man zu Ärzten geht oder kann kaum stehen.
Chronische Schmerzen gibt es überall hier.
Gehen wir zu mir hier oder auch zu Dir?

Überweisungen am Konto sind besser.
Denn Ernährung ist gut für gute Esser.
Auch Lebensmittel sind teuer geworden.
Wer gibt Ökotrophologen den Orden?

Ernährung beinhaltet auch Getränke.
Kinder und Bekannte brauchen Geschenke.
Das Leben kostet hier täglich sehr viel Geld.
Warum wächst nur so viel Unkraut auf dem
Feld?

Ungeziefer gibt es auch in der Wohnung.
Jeder, der hier wohnt, bekommt wenig
Schonung.
Manche haben eben viel zu wenig Kraft.
Neben Wasser gibt es auch den guten Saft.

137 Glasfaser

Glasfaser kommt jetzt nach Schlitz und
Stadtteilen.
Es ist noch nicht geteert, man kann es noch
teilen.
In manchen Löchern stehen jetzt die Pfützen.
Man hofft überall, es wird doch was nützen.

Die Digitalisierung ist gelungen.
Es sprechen Bilder und zeigen auch Zungen.
Netzanbieter sind manchmal nicht gekommen.
Denn es gibt hier Plätze, die sind entronnen.

138 Sechzig Jahre

Manche werden 60 Jahre schon.
Was hat man erlebt, wer bekommt Lohn?
Vieles ist neu zu überdenken.
Wohin kann man die Schritte lenken?

Für 60 Jahre braucht man Gerüst.
Wer kommt dann und wer ist da, der küsst?
Viele werden dabei noch sehr alt.
Feiert alle gut, sodass es schallt.

Runde Geburtstage sind klasse.
Jeder Geburtstag ist in Masse.
Eingeladen werden sie dabei.
Wer ist unabhängig und wer frei?

Woanders gibt es auch da Freunde.
Wie ich manche herbei auch träumte.
Viele denken beim Feiern an Dich.
Dankbar sein, es ist sehr wunderlich.

139 Neue Aufgaben

Häuser hier haben einen Dachschaden.
Ohne Strom kann man das Handy nicht laden.
Im Baum sitzt selten eine Blaumeise.
Vögel finden Insekten als Speise.

Im Regal steht noch alter Eierlikör.
Ich habe Orgelpfeifen im Gehör.
Kinder brauchen eine Badekappe.
Für die Liegewiese eine Matte.

140 Brillenschlange

Man braucht Brillen für nah und für fern.
Manche Brillen trage ich auch gern.
Eine Kombination ist klasse.
Gleitsichtbrillen trägt die Masse.

Manche machen sich auch Linsen rein.
Linsen sind für den Kontakt sehr fein.
Für diese braucht man dann gute Augen.
Damit die Linsen auch was taugen.

Die Brille ist ein Gebrauchsmittel.
Ärzte verordnen sie mit Kittel.
Für die Brille muss man ins Geschäft.
Putze sie bei Regen, wenn es nässt.

Utensilien sind für sie nötig.
Manche sind blau, schwarz, grau und rötlich.
Farbe und Form ist auszuwählen.
Vom Umgang ist was zu erzählen.

Wenn du fort bist, lass sie nicht liegen.
Brillen können sich mal verbiegen
Männer und Frauen sind da Schlangen,
wenn sie um ihre Brille bangen.

141 DGE-Empfehlung

Alkohol ist eine sehr fiese Droge.
Das sagen Ärzte und ein Biologe.
Aussagen schweben wie ein Damoklesschwert.
Zu viel davon und gemixt ist mal verkehrt.

Die DGE gibt Ernährungsempfehlung.
Deutsche Gesellschaft für die Ernährung.
Der Verein gibt gute Tipps und Rezepte.
Trinken ist gut mit Wasser und Konzepte.

Widmet Euch lieber der Kunst des Kubismus.
Kunst verbindet Menschen und Optimismus.
Glaubt nicht jede komische Zeitungsente.
Manche Gedichte sind hier auch Präsente.

Depressionen machen krank und auch
schachmatt.
Besser ist Fröhlichkeit wie Fische mal aalglatt.
Abends geht man zu Bette wie 'ne
Schlafmütze.
Man hofft, dass der Schlaf und die Nacht was
nütze.

Jeder Mensch ist Individualist und mehr.
Kunstrichtungen gibt es viele wie ein Meer.
Arbeit und Lohn sind für das Leben wichtig.
Manche Überraschungen sind unsichtig.

Inhaltsverzeichnis

...mit einem großen Dankeschön an die Leser und an Kultur und Ernährung Interessierten.

Vielen Dank

Danke an alle, die mich täglich begleiten
und freundschaftlich
mit mir verbunden sind. Dazu gehören
viele Freunde in nah und fern sowie
Familie. Inspirationen bekomme ich aus
Nachrichten, aus dem Internet sowie der
Gruppe Gedichte Smiley.

Ich gebe hier auch noch mal den
Hinweis auf mein erstes Buch:
Spontane Gedichte für den Frieden.

Fotos bei beiden Büchern vom Einband
sind vom Rosengarten in Baden-Baden.